특종★역사를 말하는 사진

광주항쟁 진압에 투입된 공수부대원이 길에 쓰러진 시민을 곤봉으로 무차별 가격하고 있다.
신복진, 광주 금남로, 1980. 5. 18.

특종★역사를 말하는 사진

- 카메라로 포착한 한국 현대사의 숨막히는 순간들 -

전민조 엮음

눈빛

전민조

1944년 일본에서 태어나 부산에서 어린 시절을 보냈다.
서라벌예술대학 사진과를 졸업하고,
여원사, 한국일보, 동아일보 사진기자를 거쳤다.
개인전〈담배 피우는 사연〉〈한국인의 초상〉〈농부〉〈서울〉〈섬〉
〈얼굴〉〈매킨리〉 등을 가졌고,〈상처와 치유〉외 다수의 단체전에 참여하였다.
저서로『그때 그 사진 한 장』(눈빛, 2000),『담배 피우는 사연』(대가, 2010),
『서울』(눈빛, 2006),『사진이 모든 것을 말해 주었다』(포토넷, 2011) 외
다수가 있다.

특종★역사를 말하는 사진
- 카메라로 포착한 한국 현대사의 숨막히는 순간들

전민조 엮음

초판 1쇄 발행일 — 2013년 2월 19일
발행인 — 이규상
편집인 — 안미숙
발행처 — 눈빛출판사
　　　　 서울시 마포구 상암동 1653 이안상암2단지 506호
　　　　 전화 336-2167 팩스 324-8273
등록번호 — 제1-839호
등록일 — 1988년 11월 16일
편집 — 김보령·성윤미
인쇄 — 예림인쇄
제책 — 일광문화사

Copyright © 2013, 전민조
ISBN 978-89-7409-293-1 03660
값 25,000원

서문

이승만 독재정권에 항거하는 4·19혁명이 일어났을 때 나는 중학교 3학년이었다. 당시 아버지는 동아일보를 오래도록 구독하고 있었는데, 사진기자들이 4·19혁명을 기록한 『민주혁명의 기록』이라는 화보집이 신문 구독자를 위한 특별 선물로 배달되어 왔다.

사진으로 역사를 기록한 사진집을 처음으로 보는 순간이었다. 글보다 이미지가 주는 충격이 크다는 사실을 알게 되었다. 그래서 학교만 갔다 오면 아버지의 책상 서랍에서 그 화보집을 꺼내어 뚫어지게 넘겨 보았다. 두번 세번 봐도 항상 새로운 기분이었다. 그 책만 보면 가슴이 두근거렸다. 어린 학생이 경찰의 최루탄에 눈을 맞고 죽은 장면, 시민들이 탱크에 올라타 독재타도를 외치는 장면 등 격동의 시대를 기록한 사진 한장 한장이 모두 살아 있어서 사진의 위력을 실감할 수 있었다. 심심할 때마다 그 책을 보고 있으니 아버지는 아예 "네가 보관하고 있어라"라고 하시며 주셨다. 그 바람에 그 책은 결국 내가 지금까지 보관하게 되었다.

군대에 들어가 베트남에 가서는 잠시 그 책을 잊고 있었다. 그러나 카메라를 주렁주렁 매달고 있는 베트남전 종군사진가들을 바라보면서 어린 시절 보았던 그 사진집이 생각났다. 그리고 다른 엉뚱한 직업을 찾기보다는 '사진기자를 한번 해봐야겠다'는 생각을 하게 되었다. 그렇게 언론사 사진기자로서의 운명이 시작되었다. 한 권의 사진책에서 받은 감동이 직업을 선택하는 데에 결정적인 영향을 준 것이다. 내가 소중하게 생각하는 책은 뜨거운 냄비를 받치는 용도로는 사용되지 않는다. 냄비 받침대로나 쓰는 책은 잊어버려도 되는 시시한 책이지만, 감동적인 책은 그런 대용품으로는 절대로 전락하지 않는다.

사진기자 생활을 하면서부터는 우연히 1980년대 역대 퓰리처상을 받은 사진들을 모은 사진집을 보았다. 그 사진집을 보면서 사진기술서나 개인 작품집보다는 역사를 기록한 사진집이 더 필요하다고 생각되어 그때부터 자료를 모으기 시작했다.

이 책에 수록된 사진의 일부는 20년 전, 행림출판사 이갑섭 사장의 도움으로 출간한 『이 한 장의 사진』에 처음 소개되었었다. 사진을 추가하고 오래 전에 절판된 그 책을 대폭 손봐 이번에 눈빛출판사에서 새롭게 출간하게 되었다.

이 책이 나올 때까지 위기도 몇 번 있었다. 몇몇 출판사가 원고를 먼저 손보았지만, 도중에 출판사 사정이 여의치 못하다며 손을 들어 버렸다. 하지만 오직 사진출판에만 열정을 쏟아 온 눈빛출판사의 이규상 사장이 이런 사정을 알고 이 책의 출판을 선뜻 맡아 주어 결국 빛을 보게 되었다. 진심으로 고맙게 생각한다.

2013. 1.
전민조

어머니와 누이 등 유가족이 입관 전의 이한열 군을 보며 오열하고 있다.
윤석봉, 1987. 7. 8.

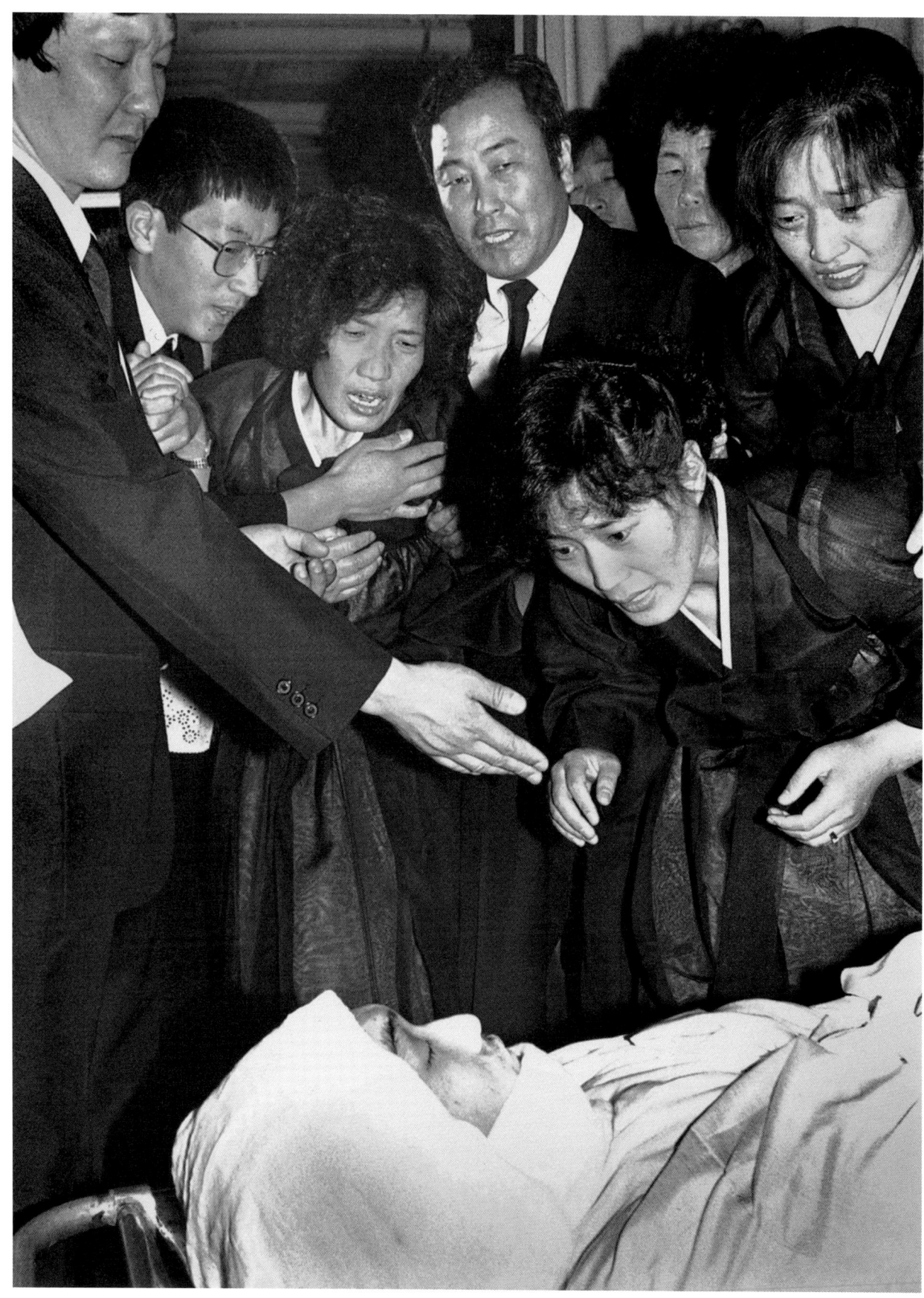

차례

서문 5

고종 황제의 어진 9
홍수 피해 11
비운의 무용가 최승희 13
여수·순천사건 15
구직 17
창경원의 미군 병사 19
공부하는 소녀 21
들통난 부정선거 23
폭탄이 된 사진 25
만세 부르는 계엄부대장 27
고대생 피습사건 29
몰래 떠난 하와이 망명 31
쿠데타의 주역들 33
대통령 부부의 뒷모습 35
최초 독도 항공촬영 37
신흥종교 연구가 39
휴머니즘 사진가 41
종군사진기자 43
침몰하는 56함 45
귀성 열차 47
1·21사태와 김신조 49
김종필의 선글라스 51
카메라로 쓴 가족일기 53
절규하는 소방관 55
흑산도 간첩소탕작전 57
정인숙 살해사건 59
'요도호' 납치범 61
최초의 평양발 전송사진 63
터널 속의 패션 모델 65
표류하는 선장 67
'나도 한 잔' 69
지옥에서의 탈출 71
도주하는 김영삼 의원 73

기적의 소녀 75
극비 귀국하는 정보부장 77
육영수 여사 피살사건 79
북한군 경비병의 난동 81
알몸 시위 83
영원한 산악인 고상돈 85
최후의 만찬 87
피로 물든 금남로 89
우리는 영원한 부부 91
마지막 사진 93
분신자살 95
눈물의 타종 97
민주화의 상징이 된 사진 99
"최루탄을 쏘지 마라" 101
북에서 온 아들 103
밀가루를 뒤집어쓴 국무총리 105
"필름 아껴 쓰라우!" 107
카메라를 든 스님 109
두 무녀의 기도 111
사할린 동포 113
아물지 않은 전쟁의 상처 115
몬주익의 영웅, 황영조 117
망신당한 국회부의장 119
벗겨진 팬티 121
산 사진에 바친 한평생 123
개성에서 바라본 북한산 125
큰절 올리는 정치인 127
로드킬 129
야스쿠니 신사 131
청관을 찍는 사진가 133
사진 공양 135

고종 황제의 어진.
김규진, 1896년경.

고종 황제의 어진

중국, 일본, 러시아 등 자본주의 열강들이 침략하던 시기에 청일전쟁(1894-1895)에서 중국을 이긴 일본은 급기야 조선의 국모인 명성황후를 시해(1895)하고, 조선을 넘보고 있던 러시아의 발틱 함대까지 격파(1905)하면서 고종의 조선왕실을 완전히 굴복시켰다.

당시 조선의 사진관은 부산, 서울, 평양 등에서 일본인들이 주인이 되어 활발하게 운영되던 시기였다. 해강 김규진(金圭鎭)은 중국에서 돌아온 직후, 궁내부 외사과 주사비서관(宮內府 外事課 主事秘書官)으로 잠시 근무하던 34세 때, 고종의 특명으로 여섯 살 영친왕의 가정교사로 임명(1906)되면서 처음 궁을 드나들었다.

고종의 사진 촬영은, 해강이 일본에서 관비로 1년간 '사토(佐藤) 사진관'과 '노노미야 사진관(野野宮 寫眞館, 1895)'에서 사진술을 습득한 뒤 귀국해 엄비(영친왕의 생모)의 지원을 받아 서울 천연동 98번지(일명 石井洞, 현재의 소공동)에 2층 양옥을 짓고 '천연당사진관(1896)'을 개업하면서 이루어진 것으로 추정되고 있다.

해강 김규진은 농부의 차남으로 태어나 명필(名筆)로 소문난 외숙에게 한문과 서화를 배우고 18세 때 중국 여행(1879-1893)을 떠나 9년간 북경·천진·남경·상해 등지를 여행하고 돌아온 인물이었다.

당시 그는 조석진(趙錫晋), 안중식(安中植)과 함께 조선 3대 화가로 인정받고 있었다. 서(書)와 난죽(蘭竹) 같은 문인화(文人畵)에서부터 단원의 인물 화법과 화조(花鳥), 산수화법(山水畵法) 등을 넓게 섭렵해 그의 실력을 흉내 낼 화가가 없었다.

영친왕이 일본으로 끌려간 후부터는 이를 슬퍼한 나머지 그의 화풍은 채색(彩色)은 하지 않고 흑죽(黑竹)만 주력할 정도로 변했다. 그러나 일본의 상류층 사람들을 상대로 도쿄, 오사카에서 서화전을 했을 때는 비록 식민지의 예술가이지만 해강의 출중한 필력(筆力)에 일본 귀족들이 모두 경탄했다고 했다. 그는 김은호(金殷鎬), 이응로(李應魯), 이병직(李秉直) 등 수많은 제자를 길러 냈다.

조선의 양반들은 사대부적 유교사상에 젖어 요정에 초대되면 술 한 잔, 고기 한 근, 밥 한 상에 작품을 주고받을 뿐, 체면상 어느 누구도 판매를 시도하지 않았다. 이때 김규진은 금전(金錢)으로 작품을 교환하는 일을 마치 천인(賤人)의 상행위로 취급하는 풍토에서도 최초로 작품정가표를 만들어 작품을 거래했다.

여러 방면의 선각자인 그가 현재 남겨 놓은 큰 업적은 순종의 특명으로 제작한 〈내금강만물초승경도(內金剛萬物肖勝景圖)〉이다. 창덕궁의 희정당(熙政堂) 벽면에 걸려 있는 그 그림은 해강이 외금강과 해금강 일대를 3개월간 사생여행을 하고 돌아와 그린 것으로, 조선왕실 벽에 걸려 있는 풍경화로는 최대의 걸작으로 손꼽히고 있다. 그의 글씨는 백양사, 법주사, 송광사, 창덕궁의 현판 등으로 남아 있다.

김규진(金圭鎭, 1868-1933)

평안남도 중화군 출생
서당에서 한문과 서화를 공부
중국 여행(1878-1893)
왕실외사부 주사비서관
영친왕 가정교사
일본에서 사진공부
서울 소공동에서 천연당사진관 운영

함경북도 일대에 일어난 수해로 인해 둑이 무너져 불어난 물에 유실된 철로.
이종옥, 1930년대.

홍수 피해

1930년대 함경북도 일대에 일어난 수해를 취재하기 위해 당시 조선일보 편집국 사진기자였던 이종옥이 취재 현장에 도착했을 때는 자정이 넘은 무렵이었다. 그는 피해가 덜한 여관에 들어가 일단 피곤한 눈을 붙이고 있는데, 갑자기 "강둑이 터졌으니 모두 피난가라!"라는 소리에 잠에서 깼다.

카메라를 챙겨 어랑군 소요리와 부평동 사이에 도착하니, 이미 무너진 둑은 보이지 않고 터져 나온 물이 무서운 속도로 시내에 들어오고 있었다. 이종옥은 그 현장을 찍고, 이어서 순식간에 불어난 물로 부평과 정향 간 철로가 유실되어 철도원이 망연자실해서 바라보고 있는 모습을 다시 찍고 돌아 나오는데, 그 사이 물이 더 불어나 그만 그곳에 고립되고 말았다. 그는 이틀 동안 꼬박 굶고 있다가 구사일생으로 간신히 빠져나왔다.

이종옥이 사진기자가 된 것은 15세 때 일본 오사카에서 사진전문학교를 다니면서였다. 자신이 묵고 있던 하숙집의 요리사가 사소한 일로 주인을 살해하고 도주한 사건이 일어났다. 경찰이 사건 현장을 보존하기 위해 새끼줄을 쳐 놓고 개미 새끼 한 마리 얼씬거리지 못하게 지키고 있는데, 갑자기 오토바이를 타고 온 어떤 일본인 신문 사진기자가 황급히 내리면서 못 들어가게 막고 서 있는 칼 찬 경찰을 밀어내고 사진을 찍기 시작했다. 구경꾼들 틈에서 이 모습을 구경하던 이종옥은 사진기자라는 직업이 너무 부러워 어떻게 하면 사진기자가 될 수 있을지를 골몰했다.

어느 날 그는 오사카 마이니치 신문 사진부장을 무조건 찾아가 "세상의 어떤 직업 중에서도 사진기자가 최고의 직업이라고 생각한다. 나를 취직시켜 주면 목숨을 다해 일하겠다"라고 열정적으로 말했다. 젊은이의 열정에 감동한 사진부장은 흔쾌히 "함께 일을 해보자"고 대답했고, 그날로 이종옥은 싸구려 중고 카메라를 구입해 4년 동안 일을 배웠다.

그는 오사카에서 19살까지 일하다 귀국해 조선일보사에 입사했다. 당시 사진기자는 취재와 현상, 인화, 재판까지 모두 해 내야 하는 팔방미인이 되어야 했다. '앙고'라고 불리는 목침만 한 무거운 카메라를 들고 지방 출장이라도 가면 신이 났다. 시골 노인들은 신기한 듯 카메라를 구경하기 위해 모여들었고 그 자리에서 사진이 나오는 줄 알고 "한 장 박아 달라"라며 떼를 쓰기도 했다. 조선일보는 국내 신문사 사상 처음으로 촬영용 비행기를 구입했다. '살무손'이라고 하는 2A2형 비행기는 당시 일본 전투기를 개조한 2인승 비행기였는데, 이 비행기는 큰 인기를 끌었다. 이종옥이 첫 서울 항공촬영을 할 때는 방응모 사장 등 회사 간부들이 여의도비행장까지 나와 격려해 주었는데, 비행 중에는 그만 너무나 가슴이 떨려 셔터를 누를 때 거의 눈을 감다시피 해서 찍었다고 한다. 당시 실내 촬영의 경우, 지금처럼 성능 좋은 플래시가 발명되기 전이어서 마그네슘을 사용했는데 터뜨릴 때마다 화상을 입기 일쑤였다. 어느 날 총독부 행사장에서 벌브가 펑 소리와 함께 터지면서 온 식장이 아수라장이 된 적도 있었다.

이종옥이 가장 인상 깊게 취재한 대상은 1936년 11일간 머무른 백두산이었다. 사진 전송 임무를 맡은 비둘기를 가져갔는데, 날아가던 비둘기가 공중선회를 할 때 갑자기 숲 속에서 독수리 한 마리가 나타나 비둘기를 홱 낚아채 가는 바람에 수포로 돌아간 적도 있었다고 했다.

이종옥(李鍾玉, 1914-1977)

서울 출생
일본 오사카사진전문학교 졸업
조선일보 편집국 사진부 기자
조선사진 기업사 경영
조선일보 사진부장
한국일보 제판부 부국장

일제강점기에 '이사도라 던컨'이라고 불리며 사랑을 받았던 무용가 최승희.
신낙균, 1933.

비운의 무용가 최승희

최승희(1911-1967)는 일제강점기에 '동양의 이사도라 던컨(Isadora Duncan)'으로 비유되며 눈부신 활동을 했던 세계적 무용가다. 최승희는 어린 시절 일본 현대무용의 선구자인 이시이 바쿠(石井漠)의 경성 공연(1926)을 보고 그의 문하생이 되어 일본으로 건너가 3년간 무용을 배운 뒤 무용계의 스타가 되었다. 일본·중국·프랑스·러시아·미국·남미 등 세계 각국을 순회하며 공연했으며, '동양의 진주'로 갈채를 받았다. 미국 공연에서는 세계적인 무용가 마사 그레이엄과 합동공연을 할 정도였다. 일본의 소설가 가와바타 야스나리는 그에 대해 "최고의 무용가가 탄생했다"라고 격찬을 아끼지 않았다.

최승희의 사진을 찍은 신낙균은 『사진학개설』(1927)이라는 책을 내기도 한 한국사진학의 개척자다. 그는 동경사진전문학교를 졸업하고 귀국해 '경성사진사협회'를 만들고 YMCA 사진과 교수로 활동했다. 최승희 사진은 그가 동아일보 사진부장으로 근무할 때 촬영한 것으로, 베를린 올림픽 마라톤 우승자 손기정 선수사진의 일장기 말소사건에 연루되어 신문사에서 쫓겨나기 3년 전에 촬영한 사진이다. 당시 최승희는 동아일보사의 후원으로 단성사에서 창작무용발표회(1930)를 열었으며, '최승희무용연구소'를 차린 후, 전국 순회공연과 만주 등지에서 동포를 위한 위문공연, 수재민을 돕는 자선공연 등을 가졌다.

일제강점기에 서울에서 자란 한 무용평론가는 현대 여성이 지나가는 것을 보는 것이 하루 중 가장 큰 즐거움이었다고 말했다. 치마저고리에 댕기머리의 한복 여성이 전부인 세상에서 무용가 최승희는 파마 머리에 뾰족 구두를 신은 늘씬한 양장차림의 신여성(新女性)이었다. 아이들은 그녀를 마치 달나라에서 온 이상한 여성인 것처럼 바라봤다고 한다. 최승희가 지나가면 장난기가 발동한 아이들이 골목에 숨어 있다가 돌멩이를 던지며 킬킬거리고 도망갔다고 한다. 아마도 그 아이들은 어른이 된 뒤 그 여성이 최승희였음을 알고 낯을 붉히지 않았을까.

무당춤과 기생춤이 전부였던 춤의 암흑기에 혜성처럼 등장한 최승희는 당시 문학평론가 김문집이 『조광』지에 "최승희는 500년 조선 여성의 아름다움을 살려낸 공로자"라고 격찬할 정도로 조선무용의 별이었으며 선구자였다.

그러나 해방 후 공산주의자인 남편을 좇아 월북했다. 결국 북한에 가서도 친일(親日), 반일(反日), 친공(親共), 반공(反共) 등 이념의 덫에 걸려 희생되는 신세가 되었다. 그는 『친일인명사전』(민족문제연구소)에 친일파로 기록되어 있지만 대통령 직속 『친일반민족행위』(진상규명위)에서는 논란의 여지가 있어 안익태, 홍난파, 장면, 정일권 등과 함께 명단에서 빠져 있는 상태다.

신낙균은 "사진은 단순히 오락적인 면뿐 아니라 신문·잡지·의학·과학·경찰 등 각 방면으로 응용의 범위가 광대한 우리 일상생활에 없어서는 안 될 필요 학문 중의 하나라고 할 수 있다"라고 역설했던 사진학의 선구자였다. 그가 편찬한 한국 최초의 『사진학개설』 외에도 그는 『재료약품학』 『채광학』 『사진용술어집』 등의 사진관계 저서를 남겼다.

그는 1936년 마라톤 우승자 손기정 선수 사진의 일장기 말소사건에 연루되어 현진건 사회부 부장, 송진우 사장 등과 함께 신문사를 그만두어야 했다.

신낙균(申樂均 1899-1955)

경기도 안성 출생
일본 동경사진전문학교 졸업
경성사진학원 강습원
YMCA 사진학 교수
동아일보 편집국 사진부장

여수·순천사건 와중에 총살당한 김영배 군의 시신 앞에서 울고 있는 그의 누이.
이경모, 1948.

여수·순천사건

사진집 『격동기의 현장』(눈빛, 1989)에서 사진가 이경모는 이 사진을 촬영할 당시를 이렇게 회상했다.

"경찰은 반란군에 쫓겨 후퇴하면서 가둬 두고 있던 좌익 사상범 용의자들을 무차별 학살하고 갔다. 서울대 법대에 다니다 고향에 내려와 은신하고 있던 김영배(당시 21세)가 그런 희생자 중의 하나였다. 전남 광양과 순천 경계에 있는 덕내리에서 김영배의 누이가 동생의 시신을 거적에 묶어 올려놓은 지게 앞에서 목 놓아 울고 있다."

여수·순천사건은 이승만 정권을 부정하던 여수 14연대 2천여 명의 군인들이 궐기해 수백 명의 경찰과 공무원·지주·한민당원·우익계 인사들을 살해하거나 인민재판을 통해 처형하고 여수·순천을 공격해 도시를 불바다로 만들면서 일어났다. 1948년 10월, 이경모가 호남신문(湖南新聞) 편집국의 사진부장으로 근무할 때였다.

이경모는 "사진기자가 현장에 가지 않고는 사진을 찍을 수 없으며 현장에 가지 않는 사진기자는 직무유기"라고 생각했다고 한다. 사건이 일어나자 그는 광주에서 광양까지 걸어가면서 처참한 살육의 현장을 목격했다. 그러다 덕내리 골짜기에 울고 있는 사람들을 발견하고 이상한 예감이 들어 접근했다. 손아래 친구 김영배(金英培) 군이 두 손이 뒤로 묶인 채 총살당해 있었다. 그는 그 모습을 보고 '미안하다, 영배야'를 몇 번이고 마음속으로 외치면서 코닥 스페셜 반탐(Kodak Special Bantam, Ektar F2 45밀리) 카메라로 김영배 군의 마지막 모습을 기록했다.

당시 김 군은 서울대학에서 신탁 지지파와 반탁 지지파가 대립해 좌익과 우익이 부딪히는 시위가 연일 이어지는 대학생활에 환멸을 느끼고 잠시 고향에 내려와 쉬고 있던 중이었다. 그는 좌익 사상범 용의자로 몰려 광양경찰서에 예비검거되어 있었다. 당시 전남 동부 지방은 반란군들이 대부분 지리산에 들어가 게릴라전을 펼치는 바람에 '낮에는 대한민국, 밤이면 인민공화국'이 되는 상황이 반복돼, 모든 피해는 고스란히 부락민이 떠안아야 했다. 김영배 군 역시 반란군에 쫓겨 달아나던 경찰에게 희생된 무고한 학생일 뿐이었다.

정부는 계엄령을 선포하고 장갑차·경비행기·군함 등을 동원해 간신히 반란을 진압했지만, 이 사건으로 경찰 74명, 민간인 1천2백여 명, 순천시민 4백여 명, 반란군 8백여 명이 사망하고 말았다.

사진집 『격동기의 현장』은 한국 현대사의 격동기라 할 수 있는 해방 후의 8년간(1945-1953)을 기록한 사진집으로 해방과 여수·순천사건, 한국전쟁 등의 격동기를 헤쳐 나오며 촬영한 140여 점의 사진이 수록되어 있다. 국내의 몇몇 사진가들이 여수·순천사건, 한국전쟁을 취재했노라고 말하지만 제대로 찍은 사진 한 장 없는 실정이다. 사진가 이경모는 이 사진집을 통해 몸소 카메라를 들고 격변기의 중심에서 현장을 기록한 한국 보도사진의 선구자임을 증명했다.

이경모가 1946년 1월 호남신문사에 들어가게 된 계기는 노산(鷺山) 이은상(李殷相) 선생이 평소 사진을 좋아하던 당시 20세의 이경모를 눈여겨보고 있다가 신문사로 끌어들였기 때문이다. 이때는 비록 해방은 되었지만 모스크바 삼상회의(三相會議)에서 조선의 신탁을 결정해 한반도가 소용돌이치던 시대였다. 이경모는 이러한 격동기에 광주·여수·순천·광양 등지에서 일어난 중요사건을 사진으로 기록한 유일한 사진가이다.

이경모(李坰謨, 1926-2000)

전남 광양 출생
광주고보 졸업
호남신문 편집국 사진부장
여순사건 취재
국무총리 공보비서관
한국사진작가협회 발기인
이화칼라 사장

6·25전쟁 직후 '구직(求職)'이라고 적은 종이를 가슴에 동여맨 채 일자리를 구하는 실업 청년.
임응식, 1953.

구직

사진가 임응식의 대표작은 6·25전쟁 직후(1953) 서울에서 포착한 〈구직(求職)〉이라고 할 수 있다. 흔히 인생과 사회상을 기록하는 대표적인 매체는 글과 그림이라고 주장하지만, 이 사진을 보고 있으면 전쟁 직후의 사회상을 사진처럼 설득력 있고 강렬하게 전달해 주는 매체가 또 있을까 싶다.

붓글씨로 '구직(求職)'이라고 쓴 글씨를 야전잠바 아랫배에 끈으로 동여맨 30대 청년의 모습. 그 청년은 한 장의 종이에 자신과 가족의 생계를 걸고 거리에 용감하게 나섰지만 부끄러워 고개를 바로 들 수 없어 얼굴을 벙거지 모자로 가리고 서울의 빌딩 한쪽 벽에 풀이 죽어 기대 서 있다. 전쟁 직후 서울의 단면을 보여 주는 풍경이다.

중앙일보 조우석 기자는 이 사진을 보고 『한국사진가론』(눈빛)에 "분명히 남루한 옷차림의 거리 구직자를 포착한 사진인데도 리얼리즘을 겨냥하는 사회고발성의 비판적 시선은 배제돼 있다는 점이 눈에 띈다"라며 "어딘지 살롱풍 사진의 흔적이 스며들어 있고 젊은이의 표정 역시 마치 모델처럼 보인다. 그의 모습은 냉정한 삶과 현장의 치열함, 궁핍함을 상징하기보다는 생활전선에 엉거주춤 끌려든 룸펜의 어떤 자괴감이 묻어나 있다"라고 평가한 적이 있다.

임응식의 사진은 현실을 바탕으로 했다. 현실을 떠나서 사진은 존재할 수가 없다는 생활주의 사진을 강조한 결과가 〈구직〉이라는 사진으로 탄생한 것이다. 〈구직〉은 당시의 사회 분위기를 생생하게 전해 주는 리얼리티였으며, 사진 기록은 역사를 말하는 힘이라는 것을 웅변해 주었다.

'구직'이라는 뼈저린 욕망을 가슴에 붙이고 도시 담벼락에 서 있는 청년의 모습은 60년 전의 모습이다. 지금은 옛날보다 비교할 수 없을 정도로 경제가 좋아졌어도 대학을 나와도 취업하기가 힘든 세상이다. 아직도 취업이 안 되는 청년 실업자들의 마음은 60년 전 '구직'이라고 쓴 글씨를 가슴에 붙이고 있던 청년과 똑같은 심정일 것이다. 사진은 이렇게 누가 어떻게 찍느냐에 따라 엄청난 흥미를 유발시키는 심오한 사진이 된다.

임응식은 사진학 교수의 선구자요 개척자이기도 했다. 서울대 미술대학과 이화여대 미술대학에서 학생들이 사진 강의를 들을 수 있도록 했으며, 한국 최초로 중앙대학에 사진학과를 탄생시킨 숨은 공로자이기도 했다. 특히 1953년 한국사진작가협회(회장 임응식)가 한국문화단체총연합회(현 예총)에 가입하려 할 때 시인 조지훈(趙芝薰)이 "사진쟁이들과 어떻게 자리를 같이할 수 있겠는가, 사진단체가 가입되면 문학단체에서 탈퇴하겠다"라는 독설을 퍼부으며 반대했지만 임응식은 그런 예술인들을 일일이 설득시켜 가입을 관철시켰다.

미국 뉴욕현대미술관 사진부 책임자 에드워드 스타이켄이 주관한 《인간가족전》의 전시회를 1957년 4월 3일부터 25일간 한국에서 열 수 있도록 직접 편지를 써서 성사시킨 것도 그의 업적 중 하나이다.

임응식은 선봉에 서서 사진 분야가 취미활동의 영역을 넘어 예술로 받아들여지는 계기를 마련한 거인이었다. 그는 "예술의 어떤 매체보다도 사진만큼 인간 생활을 진실하게 기록하는 매체는 없다. 사진은 어떤 사람이 어떻게 찍느냐에 따라 기술도 되고 예술도 된다"라며 평생을 한국사진의 발전을 위해 살다간 인물이다.

임응식(林應植, 1912-2001)

부산 출생
일본 도시마(豊島) 체신학교 졸업
강릉우체국 무선사
강릉사우회 회장
서울대 미술대학에서 최초로 사진 강의
이화여대 미술대학 사진강사

서울 창경원의 나무 그늘에서 쉬고 있는 미군 병사와 여인들.
이형록, 1958.

창경원의 미군 병사

서울 창경원(1958)을 구경하던 미군 병사가 한참 돌아다니다가 더위를 먹었는지 나무 그늘에서 잠시 쉬고 있는 중이다. 날씨는 덥고 편안하게 어디 앉아서 시원한 맥주라도 한 잔 했으면 좋으련만 마땅하게 쉴 만한 공간도 없어서 어중간하게 서 있는 병사의 모습이 애처롭다. 옆에 앉는 세 명의 주부는 '저렇게 몸집이 큰 사람도 있구나'라고 하는 듯 신기하게 바라보고 있다.

사진가 이형록은 강원도 강릉에서 태어나 강릉에서 사진재료상을 운영하는 형님을 도와주던 20대 초반에 우연히 임응식 선생을 만나면서 본격적인 사진 활동을 하게 되었다. 을지로 입구에서 '환도 카메라'라는 사진기자재점을 운영하면서 증명사진 등을 찍기도 했는데 상업적 사진보다도 항상 자신의 세계를 보여 줄 사진을 갈망했다. 미군 병사의 사진은 주말에 그가 가게 문을 닫고 잠시 창경원에 갔다가 찍은 사진이다.

한국 땅에 미군 병사들이 상륙하기 시작한 시점은, 제2차 세계대전에서 일본이 패망한 후 23일 만에 도쿄에 있던 태평양전쟁 미군 최고사령관인 맥아더 장군이 오키나와에 있던 자신의 직속 부하 하지 중장을 한국점령군 사령관으로 임명해 그가 미 제7사단을 이끌고 1945년 9월 8일 인천으로 들어오면서부터다.

하지 장군이 이승만 정권을 남한의 단독 정권으로 만들었지만, 애치슨 미 국무장관이 자유세계 방위전략에서 미국이 군사적 힘을 사용하여 방위할 가치가 있는 국가로 한국을 중요하게 생각하지 않는다는 오판을 내려 미군이 잠시 철수하기도 했었다.

그러나 북한이 1950년 6월 남침을 해 오자 맥아더 장군은 자신의 전용기로 수원비행장에 도착, 전황을 살펴본 뒤 트루먼 대통령에게 지상군 투입을 강력하게 요청하면서 미군은 다시 한국에 투입되었다.

한국전쟁 중에 사망한 미군 장병은 5만4천 명이었다. 실종자도 무려 3천737명이나 되었다. 미국 장성의 아들도 142명이나 참전해 그 가운데 35명이나 전사했다는 사실은 놀라운 일이다. 맥아더 장군은 한국전쟁이 터지고 인천상륙작전을 비롯해 트루먼에 의해 해임될 때까지 최전선을 17번이나 시찰했다. 초대 미 8군사령관 월튼 해리스 워커 장군은 한국전쟁이 발발하면서 전선에 투입되었지만 그의 아들 샘 워커 대위도 함께 참전해 중공군 격퇴에 아들이 무공을 세우자 아들에게 직접, 은성무공훈장을 수여하기 위해 지프차로 달려가다가 한국군 트럭과 부딪쳐 사망했다.

판문점 휴전협정에 서명을 한 클라크 유엔군 최고사령관의 아들도 한국전쟁에 참전했다가 부상을 입고 그 후유증으로 죽었다. 아이젠하워 대통령의 아들도 소령으로 한국전에 참전했다. 미 제24사단장 윌리엄 딘 소장의 경우는 한국인 농부의 밀고로 북한군에 체포되어 3년 동안 고난의 포로생활을 해야 했다. 그런데 한국전쟁 중에 한국군 장성이 적에게 포로가 되거나 전투 중에 사망한 경우는 전혀 없다.

신선회에서 작품 활동을 함께한 정범태의 회고에 따르면 이형록은 술과 담배도 피지 않는 수도자 같은 생활을 했다고 한다. 더욱이 사진을 찍는 프로 사진가들이 당시 변변한 암실도 없었던 환경에서 이형록은 암실을 차려 놓고 직접 촬영한 필름을 현상해서 인화를 했으며, 만학으로 신학대학에 다닐 정도로 정돈된 생활을 했다고 했다.

이형록(李亨綠, 1917-2011)

강원도 강릉 출생
대한예수교장로회 신학대학 졸업
신선회 창단회원
살롱 아루스 대표
월간 『포토그라피』 주간
사진집 『이형록』

청계천 구멍가게에서 동생을 업고 공부하는 소녀.
이해문, 1950-60년대.

공부하는 소녀

누추하고 가난이 물씬 묻어나는 구멍가게에 아기를 업고 공부하는 여학생이 없었다면 이 사진은 전혀 감흥은 없고 궁색한 사진으로 전락했을 것이다. 학교를 다녀온 여학생이 동생을 업고 숙제를 하는 모습은 초라한 구멍가게 분위기를 순식간에 따뜻하게 반전시키며 감상자들의 시선을 일시에 고정시키는 힘이 있다.

이 사진은 보면 볼수록 상상력을 키워 주는 사진이다. 처음에는 당장이라도 허물어질 듯 얼기설기 엮은 지붕과 볼품없는 청계천 구멍가게 이미지가 눈에 들어오다가, 한쪽에서 잠이 든 동생을 업은 여학생이 쭈그리고 앉아 숙제를 하고 있는 아름다운 모습에 연민을 느끼게 된다. 비록 현실은 고달파도 미래의 밝은 꿈을 꾸고 있는 여학생의 모습 때문에 사진의 전체적인 분위기가 살아났다. 이 사진은 또한 좋은 사진은 그 사진을 바라보는 사람들에게 잡념을 없애 주고 맑은 생각을 갖게 해준다는 것을 말해 주고 있다.

이해문은 신선회 창립회원(1956)이었다. 회원 중 조규, 이안순, 손규문 등이 정회원이었다. 이들은 60년대 일간지 언론계 사진부장 등으로 활약한 보도사진가들이어서 신선회는 자연스럽게 리얼리즘을 추구하는 사진단체가 되었다.

당시의 사진단체들이 모두 회화적인 사진 일변도로 흘러갈 때 이들이 개최한 제1회 회원전(1957)의 주제는 인간들의 삶에 주목한 '시장'이었다. 당시 '시장'을 주제로 전시회를 개최할 때 경복궁미술관에서는 에드워드 스타이켄의 기획으로 《인간가족전》이 열렸다. 이 전시는 한국 사진계에 리얼리즘 사진을 확산시킨 전시회이면서 신선회의 목적과 이념이 같았던 전시였다.

이해문은 본격적으로 보도사진가의 길로 나서지는 않았지만 사진의 성향은 다분히 다큐멘터리적인 것이었다. 일본 국제사진살롱(1958)에 출품한 〈꼬마도서관〉과 〈첫 출발〉이 입선할 정도로 그의 사진 실력은 출중했다. 해외에 사진을 출품해 인정을 받은 것은 조규, 정범태, 조용훈, 최민식보다 빨라 사진계의 주목을 받았다.

이해문은 삶이 곧 예술이었다. 작품 사진이 어디 먼 데 있는 것이 아니고 생활 속에 있다는 것을 그는 사진으로 말해 주고 있다. 마포경찰서 뒤편 동네에 오래도록 살면서 술, 담배는 전혀 안 하고 아침에는 우유만 마시며 시장, 혼례, 상가(喪家), 골목 등 자신이 매일 보고 느끼는 일상생활을 사진 주제로 삼았다. 고구마를 사 먹고 있는 노동자, 천막에서 이발하는 사람들, 국밥을 파는 식당 주인, 팽이를 돌리는 어린이 등을 어떤 연출도 하지 않고 있는 그대로 자연스럽게 찍었다.

그는 직장 생활을 하면서도 카메라를 놓지 않았고, 꾸준히 해외 사진전에 사진을 출품해 프랑스 보르도 국제사진살롱전(1960)에 입선했을 뿐 아니라 『일본국제사진연감(1963)』에도 작품이 수록되었다. 한국사진작가협회의 대표위원으로 활동하다가 뇌졸중으로 작고했다.

이해문(李海文, 1922-1981)

서울 출생
조선전기공업학교 졸업
한국전력 근무
평강기업 대표이사
대한전기공사협회 이사
사진그룹 신선회 창립회원

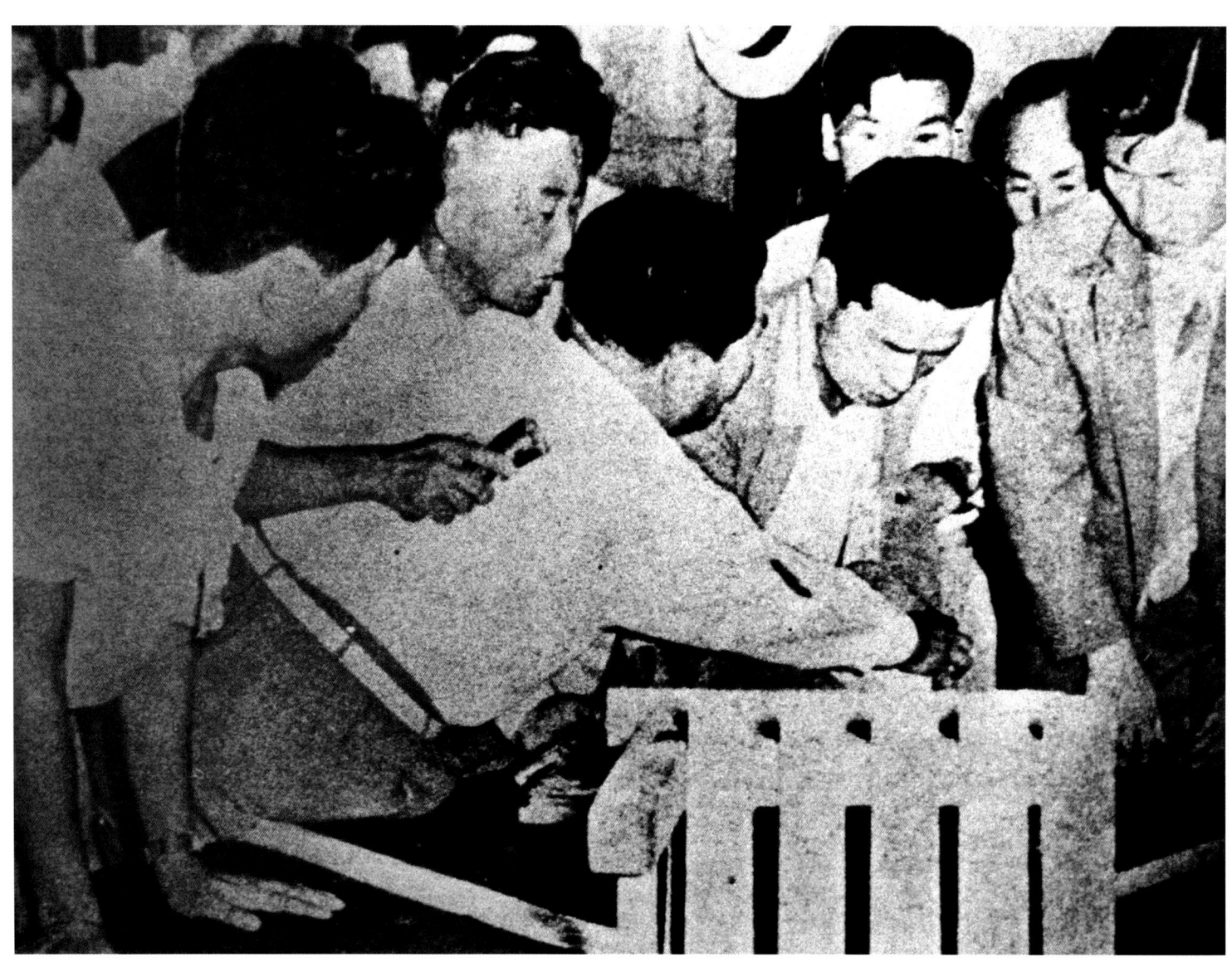

국회의원 선거 개표장에서 투표용지를 서로 가로채려고 여야 개표 참관인들이 몸싸움을 벌이고 있다.
이명동, 1958. 9. 19.

들통난 부정선거

해방 후 이승만 정권이 집권했지만 민주주의가 제대로 꽃핀 적은 한 번도 없었다. 민주주의가 뿌리를 내릴 토양도 없었고, 국민의 뜻을 모은 선거라 해도 깨끗하게 치른 적 없이 선거 후에는 항상 잡음이 뒤따랐다.

1958년 9월 19일, 경북 영일군 을구 재선거는 자유당 김익선(金益善), 민주당 김상순(金相淳), 무소속 김헌수(金憲秀)의 대결이었다. 폭력과 협잡, 부정으로 얼룩진 자유당 정권은 이때부터 종말을 예고하는 우리 역사상 가장 치욕적인 파국으로 달려가고 있었다. 당시 동아일보 이명동 사진기자는 개표장을 취재하고 있었다.

그런데 개표가 시작되기 전에 갑자기 개표장 천장에 달린 네 개의 전등이 두어 번 깜빡이더니 얼마 안 가 아예 꺼지면서 개표장은 암흑천지가 되었다. 민주당 참관인들이 미리 준비해 둔 가솔린 램프를 급히 켜 들자 10여 명의 민주당 소속 국회의원들도 일제히 플래시를 켜고 책상 위의 투표용지를 비추기 시작했다. "불을 끄고 표를 훔치려고 한다!" "이게 무슨 짓이야!"라고 하는 소리가 들리면서 개표 참관인들이 일제히 투표용지가 놓인 책상 쪽으로 몰려가기 시작했다.

이때 이명동 기자의 카메라 플래시가 표를 도둑질하는 현장을 향해 터졌다. 순식간에 "사진 찍는 놈을 죽여라!" 하는 고함 소리가 들리면서 의자가 날아왔다. 이명동 기자는 날쌔게 피했지만 의자가 개표 종사원의 머리에 맞는 바람에 "아이쿠!" 하면서 쓰러지자 갑자기 분위기가 험악해졌다. 개표장 안은 깡패들과 민주당 국회의원, 신문기자와 일반 참관인이 뒤엉켜 몸싸움을 벌이기 시작했다.

혼란이 일어난 지 5분쯤 지났을 때 사복형사들이 장내 질서유지라는 명목으로 신문기자들과 국회의원들에게 무조건 퇴장할 것을 명령했다. 그 명령이 개표장 안에서 마음 놓고 부정선거를 하기 위해 거추장스런 사람들을 내쫓는 것이라고 직감한 이명동은 개표장 안에 잠복해 있으려고 했지만 힘으로는 도저히 당해 낼 도리가 없었다. 그래서 일단 밖으로 나왔다가 개표소 측면의 유리창 문을 열고 슬며시 재진입을 시도했다.

이미 개표소 안에서는 "도둑이야! 표 도둑이다!" 하는 외침이 들려오고 있었고, 이명동은 유리창 문틈으로 뛰어 들어가 검은 그림자들이 표뭉치 위로 쏠리면서 엎치락뒤치락 격렬하게 몸부림을 치는 현장을 향해 다시 카메라 플래시를 터뜨렸다.

사진에 찍힌 장면은 정체불명의 괴한들이 민주당의 표뭉치를 도둑질하는 순간, 민주당 측 참관인들이 도둑의 손을 잡은 채 표를 뺏기지 않으려는 순간을 포착한 것이다. 이명동은 다행히 이 장면을 찍긴 했지만 어둠 속에서 현장을 증명하는 결정적 단서를 은폐하기 위해 누군가 자신을 칼로 찌를 것 같은 기분이 들어 서둘러 개표장을 빠져나왔다.

이명동은 당시 민주당의 원내총무였던 오위영 씨의 지프를 빌려 타고 밤 11시에 포항 시내의 조그만 사진관 암실로 달려가 간신히 그 필름을 현상했다. 부정선거의 현장을 포착한 사진이 보이자 '성공! 성공이다!'고 속으로 외치며 동아일보에 송고한 사진은 다음 날 제1면에 크게 게재되었다.

이명동(李命同 1920-)

경북 성주 출생
성균관대 정치학과 졸업
중앙일보사 사진부장
동아일보 편집국 사진부장
동아일보 출판국 부국장
월간 「사진예술」 창간 발행인
인촌상 수상(2010)

눈에 최루탄이 박힌 채 마산 앞바다에 떠오른 김주열 군의 시신.
허종, 1960. 4.

폭탄이 된 사진

1960년 4월 11일 오후, 최루탄이 눈에 박힌 고 김주열 군의 시신이 마산 앞바다에 떠올랐을 때 부산일보 마산 주재기자 허종은 그 모습을 사진으로 기록했다. 그리고 그 처참한 한 장의 사진은 뜨거운 불씨가 되어 전국으로 번져 갔다.

허종은 김 군이 실종된 지 20여 일이 지났을 무렵, 마산 부두에서 얼마 떨어져 있지 않은 외교다방에서 차를 마시고 있었다. 평소 알고 지내던 정보담당 경찰관이 그에게 슬며시 다가와 "중앙 부두에서 시신 한 구가 떠올랐는데 틀림없이 김주열이다, 빨리 가서 취재를 해 보라"라고 해서 곧바로 현장으로 달려갔다.

물에 떠오른 시신은 마치 권투를 하는 듯한 모습으로 수면 위아래를 오르락내리락하고 있었다. 허종이 자세히 살펴보니 시신의 눈에 최루탄이 박혀 있었다. 사건의 중대성을 감지한 그는 항상 들고 다니던 독일제 카메라 레티나로 그 모습을 찍고는 타사 기자들이 눈치채지 못하도록 재빨리 단골 현상소에서 현상해 데스크로 보냈다.

그 후 부두에 다시 나가 보니 경찰이 시신을 인양해 놓았지만, 시민들이 구름처럼 몰려와 시신을 둘러메고 "김주열을 죽인 독재정권 처단하라"라는 구호를 외치며 시청 쪽으로 몰려가고 있었다.

당시 고 김주열 군은 남원 출신의 17세 학생으로 마산상고에 입학 준비차 마산에 있는 할머니 집에 와 있었다. 그는 얼결에 3·15 부정선거를 규탄하는 시위대에 휩쓸려 속옷 바람으로 군중 속에 섞여 있다가 희생되고 말았다. 이날 경찰의 발포로 16명이 죽고 72명이 다치는 대참사가 일어났지만 희생된 김 군은 사망자 명단에도, 구속자 명단에도 없었다. 그의 어머니 권찬주 씨는 매일 김 군의 책가방을 들고 경찰서와 검찰청을 동분서주하며 마치 실성한 사람처럼 울고 다녔다고 한다. 당시 그녀를 모르는 마산 사람이 없을 정도였다.

부산일보 편집국에서는 허종이 보내온 고 김주열 군의 사진을 놓고 "조간신문에 시체 사진을 낼 수 있느냐"라는 반론으로 옥신각신했다. 하마터면 사진이 신문에 못 나갈 뻔 했지만 "조간이고 뭐고, 무슨 일이 있더라도 실어야 한다"라는 김지태 사장의 주장으로 결국 지면에 게재되었다. 이어서 동아일보에도 게재되면서 국민의 공분을 샀다. 분노한 학생과 시민들은 거리로 나가 마산 자유당 당사와 경찰서, 국회의원의 가택, 시장 관사, 파출소 등에 불을 질렀다. 도시 전체가 시민들의 분노로 불타올랐다. 최루탄에 맞아 죽은 어린 학생이 바다에 던져진 사진을 보고 흥분하지 않는 시민과 학생은 없었다. 김주열 군의 시신 사진은 독재정권 타도의 불길이 들불처럼 전국적으로 번져 나가게 만든 폭탄 같은 사진이 되었다.

당시 부산일보 김지태 사장은 "신문다운 신문을 만들겠다"라는 의욕으로 자금난에 허덕이던 부산일보를 인수하고 한국 최초의 민영방송국인 부산문화방송국을 개국했다. 그는 "눈으로 읽는 신문과 귀로 듣는 방송의 시대"를 추구하며 사장실에 방송용 마이크를 가져다 놓고 급변하는 사회 정세를 시시각각 보도했던 사람이었다. 김주열 군의 사진도 아무리 특종감이었다고 하더라도 지면에 반영되지 못했다면 휴지나 다름없었을 것이다.

하지만 부산일보도 5·16쿠데타 이후 운명을 달리하고 말았다. 4년간 김지태 사장이 공들여 키운 부산일보와 한국문화방송, 부산문화방송 등이 모두 5·16재단(정수장학회)으로 넘어가 버린 것이다. 4·19혁명 당시 박정희 대통령은 부산군수기지 사령관 겸 부산지구 계엄사령관이었다.

허종(許鍾, 1924-2008)

경남 함안 출생
일본 나고야 제1공업학교 졸업
합동통신 마산지국 편집기자
부산일보 마산주재 기자
마산문화방송 보도부장
마산시사(馬山市史) 편집위원

이승만 전 대통령의 하야 소식이 전해지자 조재미 계엄부대장이 시민들과 함께 만세를 외치고 있다.
박용윤, 1960. 4.

만세 부르는 계엄부대장

이승만 정권의 무리한 장기집권은 끝내 3·15부정선거를 낳았고, 전국적으로 '독재타도'를 외치는 시위의 물결이 일파만파 퍼지면서 독재정권도 붕괴되기 시작했다. 마산의 김주열 군이 경찰의 최루탄에 맞아 사망하면서 국민의 분노가 더욱 증폭되어 결국 4·19혁명으로 이어졌다. 그리고 성난 학생들과 시민들이 효자동 종점과 경무대 앞까지 진출하면서 끝내 경찰이 밀리게 되자 무자비한 경찰의 발포가 시작되었다.

시민과 학생들 186명이 경찰의 총에 맞아 사망하고 6천여 명이 부상하면서 서울·부산·대구·대전·광주 5대 도시에 계엄령이 선포되었다. 전국 27개 대학 259명의 교수들까지 태평로에 나와 시국선언을 하고, 이기붕 부통령 당선자 가족이 자살했다. 결국 1960년 4월 26일 9시 30분, 이승만 대통령의 하야성명(下野聲明)이 방송으로 흘러나오기 시작했다.

이때 서울지구 계엄부대장이었던 조재미 준장은 지프를 타고 광화문 중앙청 앞 시민들 사이에 있었다. 시민들은 이승만 대통령의 하야성명이 나오자마자 일제히 "만세!" "대한민국 국군 만세!" 등 목청이 터지도록 환호성을 지르면서 모두 좁은 지프에 올라탔다. 그러자 조재미 준장도 함께 시민들과 두 팔을 높이 쳐들고 기뻐했다. 그는 시위 군중을 진압하라는 명령을 받고 양평에서 육군 제15사단을 이끌고 경복궁에 주둔했었지만 발포하지 않고 상황을 슬기롭게 넘겼다.

당시 동아일보 사진기자 박용윤은 엄청난 인파 속에서 계엄부대장이 시민들과 함께 목청이 터지도록 만세를 외치는 순간을 좋은 앵글로 촬영하고 싶었지만 이미 좁은 지프에는 시민들이 꽉 들어차서 발 디딜 틈이 없었다. 급한 김에 재빨리 카메라를 오른손으로 허공에 높이 들어올려 이들을 촬영할 수밖에 없었다. 두 번 다시 찾아오지 않는 역사적인 순간이었다. 그가 신문사로 돌아와 필름을 현상해 봤더니 다행스럽게도 앵글이 약간 비스듬하게 돌아갔지만 독재가 종식되는 감동적인 장면이 잘 담겨 있었다.

조재미 준장은 전북 고창 출신으로 비 육군사관학교 출신이었다. 국방경비대 2기로 입대해 6·25전쟁 때는 육군 1사단 15연대장으로 평북 운산에서 전투를 펼쳤다. 그는 중공군 개입을 전혀 몰랐던 시기에 미군 탱크에 로켓포를 발사하려고 숲에 숨어 있던 중공군 2명을 생포해 충무무공훈장을 받기도 했고, 평양 전투와 낙동강 전투에서도 용감하게 싸운 군인이었다.

박용윤은 뉴스사진보다는 자연탐사 취재에 더 많은 관심을 기울였던 선구적인 사진기자였다. 특히 60년대 초에 빈약한 수중장비를 들고 제주도 서귀포 앞바다에서 한국 신문 최초로 수중카메라를 도입해 수중촬영을 시도했으며, 천연기념물 보호 차원에서 기자생활 전반을 생태사진을 찍으며 보냈다.

그는 31년간의 사진기자 생활(1957-1988)을 마친 후에도 줄곧 한국박물관의 영구회원으로 13년간 봉사활동을 했으며 한국자연보존협회 학술회원, 국립공원관리공단 자문위원, 일본 야조회(野鳥會) 회원, 한국생태기록연구소 대표, 대한언론인회 편집전문위원 등으로 활동했다.

그는 "사진기자에게 메커니즘의 활용도 중요하지만 그보다 중요한 것은 기자로서의 소양"이며, "그 소양은 다방면에 걸친 관심과 최선의 노력"이라고 강조했다. 그는 후배들에게 "사진기자는 머리로 보고 가슴으로 찍어야 한다"라는 말을 자주 했다.

박용윤(朴容允, 1929-)

경기도 여주 출생
연합신문사 편집국 사진부 기자
동아일보 편집국 사진부 기자
동아일보 편집국 사진부장
동아일보 출판사진부장
동아일보 출판국 국장대우

정치깡패들의 기습 폭행으로 길에 쓰러진 고려대 학생 시위대.
정범태, 1960. 4. 18.

고대생 피습사건

고려대 학생 2천여 명은 1960년 4월 18일 오전 10시부터 교정에 모여 '기성세대는 각성하라' '마산사건의 책임자를 처단하라' 등의 결의문을 채택하고, 3·15부정선거와 자유당 일당독재를 규탄했다. 국회의사당 앞까지 진출해 연좌시위를 하던 학생들이 오후 7시쯤 학교로 돌아가기 위해 시청앞을 지나 종로4가 천일백화점 앞에 이르렀을 때였다.

갑자기 나타난 괴한들이 각목과 쇠파이프로 학생들을 향해 무자비하게 휘두르기 시작했다. 수백 명의 학생들이 일시에 나동그라지면서 내뱉는 비명 소리로 거리는 아비규환이 되었다. 이것이 바로 '정치깡패'들이 고대생들을 습격한 사건으로, 4·19혁명의 도화선이 된 사건이었다.

당시 조선일보 정범태 사진기자는 20여 명의 사진기자들과 함께 고대생 데모대를 뒤따르고 있었다. 깡패들이 몽둥이로 학생 시위대와 취재 차량의 유리창을 사정없이 때려 부수면서 습격하고 날뛰자 타사 기자들은 모두 순식간에 도망쳤다. 그러나 정범태만이 유일하게 현장 아스팔트에 엎드려 동정을 살피다가 쓰러진 학생들을 향해 카메라 셔터를 눌렀다. 이때 무법자들이 "어느 놈이 사진을 찍어!" 하면서 두리번거리는 사이에 '잡히면 죽는다!'는 생각으로 혼쭐이 빠지게 뛰어서 간신히 위기를 모면했다.

이미 현장을 도망친 사진기자들은 멀리서 이 광경을 바라보며 '역사적인 순간을 못 찍고, 우리는 망했구나' 하는 패배자의 심경으로 서 있었다. 그러자 정범태가 폭력의 현장을 피해서 사진기자들이 몰려 있는 현장으로 슬슬 다가오니 이곳저곳에서 "불이 번쩍하던데 누가 찍은 거야?"라고 물으며 야단법석이었다. 그러자 어떤 사진기자 하나가 "여기 천하의 정범태가 못 찍었으니 누가 찍었겠어?"라며 자위하기도 했다. 정 기자는 셔터를 누르기는 했으나 그게 과연 사진이 될지는 몰라 '내가 찍었다'는 말을 할 수가 없어 두근거리는 가슴을 안고 회사로 돌아왔다. 편집국에 들어서자마자 사회부장이 "정범태 넌 찍었겠지?"라며 다그쳤다. 정범태는 불안해서 묵묵부답으로 암실로 달려가 즉시 필름을 현상해 보니 약간 뿌옇게 나오긴 했지만 학생들이 폭력에 쓰러진 나무랄 데 없는 영상이 나왔다. 정범태가 사진을 들고 나오자 편집국 기자들이 만세를 외쳐 댔다. "역시 해냈어, 정범태 씨!"라며 사회부장이 만면에 웃음을 띠면서 다가와 격려해 주었다.

이튿날 19일 아침, 정치깡패들에게 맞고 아스팔트에 쓰러진 학생들의 안타까운 모습이 신문에 나가자 '폭력정권 타도' 시위가 전국으로 불길처럼 번져 나가기 시작했다.

하루는 정 기자가 회사 근처에서 저녁을 먹고 있는데 종로4가와 미아리 사이에서 어떤 사태가 일어났다는 제보가 들어 왔다. 지체 없이 시경 출입기자와 함께 취재용 지프를 타고 현장으로 출동했다. 종로4가에 이르자 검문하는 경찰이 갑자기 취재차량을 막아서며 "정지! 불꺼! 손들고 내려!" 하며 공포스러운 고함을 질렀다. 시키는 대로 손을 들고 경찰 앞으로 걸어가는데 "조선일보 개새끼들!" 하면서 경찰이 정 기자를 향해 총을 쐈다. 재수가 좋았는지 총알이 정범태의 왼쪽 윗저고리와 와이셔츠 사이를 뚫고 스쳐 아슬아슬하게 비켜 나가 운전기사의 하복부를 관통했다. 운전기사는 사경을 헤매다가 다음 날 새벽 3시에 숨을 거두고 말았다.

당시 AP통신은 '조선일보 정범태 기자 취재 중 순직'이라는 오보를 타전했고, 동아일보가 확인도 하지 않고 정범태 기자가 사망했다고 보도하는 바람에 가족과 친지들이 회사로 몰려와 생사를 확인하는 해프닝이 벌어지기도 했다.

정범태(鄭範泰, 1928-)

평북 선천 출생
일본 아사카전문학교 중퇴
조선일보 편집국 사진부 기자
한국일보 편집국 사진부 차장
조선일보 편집국 사진부장
한국일보 주간사진부 사진부장대우
세계일보 사진부장대우

과도내각 수반 허정의 배웅을 받으며 하와이로 망명을 떠나는 이승만 대통령.
김수종, 1960. 5. 29.

몰래 떠난 하와이 망명

1960년 5월 28일 밤, 경향신문 사진기자인 윤양중은 언론계에 발을 디딘 지 3년밖에 안 된 막내 기자로 회사에서 숙직을 하고 있었다. 그런데 한 익명의 중년 남자로부터 걸려 온 전화를 받으면서 특종을 하게 되었다. 통화 내용은 다음과 같았다. "경향신문 편집부 맞습니까? 내 얘기를 잘 들으시오. 내일 이화장 쪽 동태를 잘 지켜보면 큰 기삿거리가 있을 것이요." 그는 이렇게 얘기하고 뚝 끊었다. 반문할 기회도 주지 않고 일방적으로 끊은 전화였지만, 말하는 태도가 신중했기에 사실로 받아들이고 움직였다.

당시 경향신문은 반여당, 반정부적 성향이라 하여 정부에 의해 폐간 처분을 당했다가 4·19혁명 후 대법원 결정으로 복간되는 등 어수선할 때였다. 그 암울하고 절망적이던 1년 동안 기자들은 신문도 만들지 못하는 텅 빈 편집국을 지키면서 울분을 달래야 했다. 하지만 그에 대한 보상이라도 하듯이 밤중에 난데없이 걸려 온 전화 한 통으로 특종을 하게 되었다.

그 무렵 4·19혁명으로 물러난 이승만 전 대통령은 이화장(梨花莊)에서 잠시 머물다가 어느 날 홀연히 프란체스카 여사와 함께 하와이로 망명을 떠나는 일대 사건이 발생했다. '이승만의 하와이 망명'은 이미 동아일보가 감지하고 김포공항에 이 박사가 타고 갈 CAT 비행기가 와 있다는 사실도 알고 있었지만 설마 하는 생각에 특종을 놓쳐 버렸다.

윤양중은 사진부장 김수종에게 연락해, 통금이 해제되자마자 함께 이화장으로 향했다. 그들은 취재 현장으로 가면서 취재용 차량에 붙은 경향신문 깃발을 떼어 내고 광화문의 동아일보 게시판과 한국일보 조간신문에 망명 기사가 떴는지 확인해 보았지만 아무 소식이 없었다. 잘하면 특종을 할 수도 있을 것 같았다. 이화장에는 새벽 5시쯤 도착했다. 우선 이화장 앞 구멍가게에 들어가 주인의 양해를 얻어 몸을 숨긴 뒤 동태를 살펴보니, 정말 무슨 일인가가 일어나고 있었다. 1시간 뒤 이수영 외무부차관이 검은 뷰익 세단을 타고 와 내렸고, 조금 후 여름용 중절모 모자와 코트 차림의 이승만이 프란체스카 여사와 함께 이화장에서 내려와 세단에 동승했다. 그들은 6시 45분쯤 그곳을 떠났고, 원남동로터리와 비원, 중앙청, 세종로, 서울역, 삼각지, 한강인도교, 김포가도를 지나 공항으로 향했다.

아침 7시 40분, 공항에 도착하니 당시 외무부장관 겸 과도내각 수반이었던 허정이 단정한 정장 차림으로 이 박사 내외를 맞이했다. 그 모습을 김수종 사진부장이 찍었다. 윤양중은 트랩을 올라가는 이 박사에게 "경향신문 기자입니다! 국민에게 한 말씀 남겨 주십시오!"라고 외쳤다. 이 박사는 걸음을 멈추고 뒤를 돌아보더니 "지금 내가 무슨 말을 해. 다 이해해 주고 이대로 떠나가게 해 주어"라고 대답했다. 프란체스카 여사는 "Nothing, I love Korea(아무것도 없어요, 한국을 사랑합니다)"라고 말했다. 그것이 이승만 박사의 한국에서의 마지막 모습이었다. 김수종이 찍은 이 사진은 AP, AFP, 로이터 등 전 세계 통신을 타고 퍼졌으며 호외로 뿌려져 서울을 발칵 뒤집어 놓았다.

이승만은 하와이 망명 이후로 귀국을 몇 번 시도했었으나 박정희 대통령의 거부로 뜻을 이루지 못한 채 1965년 향년 90세를 일기로 타국에서 사망했다. 프란체스카 여사는 5년 뒤 귀국해서 1992년 92세로 사망해 이 박사의 곁에 묻혔다.

독자로부터 걸려 오는 전화를 불친절하게 받는 기자는 낙종(落種)을 하지만 친절하게 잘 받는 기자는 특종을 한다는 말은 맞는 말이었다.

김수종(金壽鐘, 1923-1999)

경향신문 편집국 사진부 기자
경향신문 편집국 사진부장

5·16쿠데타의 주역들. 왼쪽부터 박종규 소령, 박정희 소장, 차지철 대위.
이덕, 서울 시청앞, 1961. 5. 18.

쿠데타의 주역들

"쿠데타를 일으킨 장본인을 처음엔 장도영 장군이라고 생각했다." 1961년 5월 18일, 시청앞에 등장한 쿠데타의 주인공들을 촬영한 이덕의 회상이다.

이덕은 당시 사진을 전문적으로 다루는 동방사진뉴스의 사진기자로 근무하고 있었다. 이날 육사생도들이 '군사혁명'을 지지하는 시가행진을 거행한다고 해서 일본제 4×5 카메라인 코와를 들고 시청앞 광장으로 뛰어갔다. 장도영 장군이 연설을 하고 있던 연단의 아래에는 깡마른 얼굴에 검은 선글라스를 쓰고 별 두 개를 단 장군 한 명과 수류탄을 가슴에 주렁주렁 매단 험상궂은 표정의 부하 군인들이 도열해 있었다. 그런데 이들은 하나같이 위협을 가하면 권총이라도 뺄 듯한 험악한 표정을 하고 있었다.

연단 아래의 박정희 장군은 이덕이 7사단에서 사진병으로 근무하던 시절의 사단장이었다. 소장으로 진급하면서 송요찬 군단장이 별 두 개를 박 장군에게 달아 주는 장면을 찍었던 기억이 있어서 얼굴을 기억하고 있었다. 박정희 장군 옆에는 채명신, 송찬호, 윤태일 준장이 보여 송 준장에게 다가가 인사하면서 귀엣말로 "장교들이 박정희 장군을 삼엄하게 경호하고 있는데 왜 그러느냐"라고 물었다. 그러자 송 준장이 "박 장군이 주인공이라서 그렇소"라고 답했다. 그래서 카메라 렌즈를 돌려 촬영한 사진이 바로 시청앞 쿠데타 세력을 찍은 사진이다. 이 사진은 이후 5·16쿠데타의 상징적인 사진으로 통용되었다. 촬영할 때 이덕은 이 사진이 유명한 사진이 되리라고는 꿈에도 생각하지 못했다. 그러나 "사진에는 해명할 수 없는 그림자란 존재하지 않는다"라는 말처럼 이제는 누가 찍은 사진인지 밝히고 싶다고 말했다.

이 사진이 유명해진 것은 쿠데타로 김포공항이 폐쇄되고 모든 보도가 검열을 받는 상황에서 AP 동경지국장이 쿠데타의 주체세력은 박정희 장군이라고 간파하고 AP의 김천길 기자에게 사진을 부탁하면서 시작되었다. 을지로에 AP와 사무실을 함께 사용하고 있던 동방사진뉴스의 이덕의 사진 한 장이 AP 쪽으로 넘겨지면서 사진의 운명이 바뀐 것이다. AP 동경지국장은 이 사진을 급히 동경으로 가져가 '혁명 주체세력의 사진'이라는 설명과 함께 세계에 타전했다.

사진 중앙에 선글라스를 끼고 있는 사람이 박정희 장군이며, 그의 오른쪽에는 박종규 소령이, 왼쪽에는 얼룩무늬 군복 차림의 차지철 대위, 뒤쪽으로 안경을 쓴 이낙선 소령이 보인다. 당시 이덕은 카메라가 무겁고 여러 장을 동시에 찍을 수 없어 박 장군 주위를 빙빙 돌며 두 장 정도 찍고는 좀더 잘 찍어 보려고 옆에 서 있는 지프 범퍼에 올라섰다. 그때 험상궂은 표정의 차지철 대위가 내려오라고 소리쳤다. 그 지프는 바로 박정희 소장의 전용 지프였던 것이다. 차지철은 이덕을 연행하라고 옆의 군인에게 눈짓을 했고, 이덕은 카메라를 뺏긴 채 덕수궁으로 연행되었다.

덕수궁에는 부랑자와 민간인들이 끌려와 연신 얻어맞거나 기합을 받고 있었다. 등골이 오싹했다. 그때 천만다행으로 그곳에서 초등학교 동창생인 공수부대 소속 김상묵 대위를 만났다. 그에게 자초지종을 설명하니, 잠시 기다리라고 하고는 금방 카메라를 되찾아 주었다. 그는 "여기서 어슬렁거리다간 안 좋은 일이 생기니 빨리 나가라"라고 말했고, 이덕은 카메라를 감춘 채 슬며시 빠져나와 을지로의 사무실로 뛰어 들어갔다. 카메라를 확인해 보니 다행히 촬영한 두 장의 필름이 홀더에 그대로 장착되어 있어 현상하고 인화했다. 당시 사진의 주인공들은 모두 세상을 떠났지만 사진만이 남아 5·16쿠데타를 증언하고 있다.

이덕(李德, 1931-2004)

서울 출생
학도의용군으로 한국전쟁 참전
한국통신학교 사진반 수료
육군 7사단 박정희 사단장 사진병
동방사진뉴스 사진기자
문공부 총리실 사진담당
주일대사관 공보관실 사진담당

가든파티를 마치고 청와대 숲 속 오솔길을 걸어 올라가는 박정희 대통령과 육영수 여사.
황규태, 1963.

대통령 부부의 뒷모습

1963년 봄, 황규태 경향신문 사진기자가 출근하자마자 박창희 사진부장은 "청와대에서 박정희 의장의 가든파티가 있는 모양이며, 당신이 유일하게 넥타이를 매고 왔으니 취재를 해 보라"라고 했다. 이날 박 대통령은 권력을 잡은 후 처음으로 정치·경제·사회·문화계 인사와 내외신 기자들을 청와대로 초대했다.

그 파티는 박정희 의장이 세상에 공식적으로 처음 얼굴을 드러내는 자리였다. 야당 정치인들과 언론들도 혁명정부가 과연 민정을 안정시킨 뒤 군인 본연의 자리로 복귀할 것인지 동정을 살피려는 각계 인사들로 청와대 안마당은 성황을 이루고 파티 분위기는 화기애애하게 진행되었다. 이날 초청자 중에는 김수환 신부와 언론사 사장들, 서울에 상주하는 각국 대사들도 참석했으며 재벌들의 얼굴도 보였다.

황규태는 당시 수습기자였다. 경향신문에 입사한 지 채 1년도 안 된 상태였기 때문에 아무 생각 없이 넥타이를 매고 출근했다가 얼떨결에 취재를 하게 된 것이다. 그는 캐논 카메라에 50밀리 렌즈, 감광도가 100인 코닥필름을 들고 청와대로 들어가 박 의장 옆으로 다가갔다.

박 의장이 청와대 파티를 갖기 전, 동아일보와 신춘대담(1962년 1월 1일)을 나눈 대화에서도 이미 "정부 형태는 대통령책임제로 할 것이고 국회는 단원제로 헌법 제정 후 절차를 논의할 것이며 곧 민정복귀(民政復歸)를 밝히겠다"라고 해서 사람들 중엔 향후 민정이 양 쪽으로 무게를 두는 이도 있었다. 그러나 황규태가 이날 바라본 박 의장은 군인 본래의 자리로 돌아가려는 의사가 전혀 없어 보였다. 그의 말은 국민들을 안심시키는 발언이었고, 실제로는 그 파티가 권력을 잡기 위해 민심을 살피는 자리로 느껴졌다.

박 의장은 까무잡잡한 얼굴에 163센티미터 정도의 작은 키였지만 건강은 좋아 보였으며 신사복을 말쑥하게 차려 입고 있었다. 또한 기자들에게 둘러싸여 있으면서도 약간 차가운 얼굴에 능숙한 말솜씨는 아니더라도 또랑또랑하고 절도 있게 말하며 담배를 끊임없이 물고 있었다고 한다.

이날 파티를 마친 박 의장과 육영수 여사 부부는 청와대 숲 속 너머에 있는 집무실을 향해 함께 오솔길을 걸어갔다. 당시 황규태는 오솔길로 사라지는 부부의 뒷모습에서 마치 먼 곳으로 편안히 쉬러 가는 느낌을 받았다고 말했다.

황규태(黃圭泰, 1938-)

충남 예산 출생.
경향신문 편집국 사진부 기자
도미(1965) 후 사진사업
귀국 후 사진가로 활동 중
사진집 『황규태』 『블로우업』
외 다수

최초로 항공촬영한 독도.
최경덕, 1964. 12.

최초의 독도 항공촬영

1960년대 초만 해도 국민들은 독도(獨島)가 어떻게 생긴 섬인지 잘 몰랐다. 동아일보 최경덕 사진기자는 일본이 선거 때만 되면 독도를 '다케시마(竹島)'라고 부르면서 터무니없이 자국의 영토로 떠드는 것에 개탄하며 독도 항공촬영을 계획했다. 그래서 공군본부에 항공촬영 협조 공문을 3년간 줄기차게 보내 보았지만 아무런 답신이 없었다.

그러던 어느 날 한 공군 장교가 최경덕에게 "군사정부가 동아일보를 싫어해서 항공촬영에 대한 결정을 못 내리는 것 같다"라고 귀띔해 주었다. 최경덕은 김상만 부사장을 면담하고 독도에 관한 항공촬영이 필요한 이유를 설명했다. 그는 아직까지 독도를 특별히 항공촬영한 국내 언론이 없기 때문에 이번에 촬영을 하게 되면 동아일보의 위상을 드높일 수 있을 것이라고 설득해 촬영 섭외비를 부탁했다. 김 부사장은 꼭 필요한 취재라고 격려하면서 술값으로 쓸 금일봉까지 하사했다. 그날로 최경덕은 금일봉을 들고 수원 공군비행단장을 직접 만나 저녁식사를 함께하고 술잔을 나누면서 "공군 비행기로 촬영한 독도 사진을 동아일보 지면에 크게 게재하면 일본의 영토 주장에 찬물을 끼얹고 대한민국 공군의 위상도 높아지게 될 것"이라고 설득했다.

신년을 앞둔 1964년 12월 30일, 드디어 공군본부로부터 연락이 왔다. 항공촬영을 허락한 것이다. 항공촬영에 나설 비행기는 F86D 전투기로 조종사는 박용태 소령이라고 했다. 경비행기가 아닌 전투기라서 산소마스크를 꼭 착용해야 했으며, 조종사와 단 둘이 탑승했다. 최경덕은 출발할 때 비행단장이 조종사에게 "2천 피트 이하로는 절대로 내려가지 말라"라고 지시하는 얘기를 듣고 '혹시 촬영에 실패하는 것은 아닌지' 걱정했다. 그들은 수원비행장에서 출발한 지 30분도 채 안 되어 독도 상공에 도달했다. 하지만 독도는 구름에 가려 제대로 보이지 않았다. 신년호 1면을 장식할 사진인데 독도가 제대로 보이지 않으니 식은땀이 흘렀다. 그는 떨리는 목소리로 "박 소령, 부탁이야, 한 번만 아래로 내려가면 독도가 보일 텐데, 나 좀 살려줘"라며 간청했다. 박 소령도 처음엔 거절하다가 "딱 한번만!" 하는 최경덕의 간곡한 부탁에 마지못해 고개를 끄덕이며 고도를 낮추어 하강했다. 그러자 차츰 독도가 선명하게 보이기 시작했다. 그는 50밀리 렌즈가 달린 자신의 라이카 M3을 꺼내 들고 독도를 촬영했다. 박 소령은 최경덕의 '딱 한번만'이라는 애원에 더해 두 번이나 선회해 주어 모두 10장의 사진을 찍을 수 있었다.

독도 항공사진은 1965년 1월 1일자 동아일보 신년호에 크게 게재되었다. 동도(東島)와 서도(西島)가 함께 보이는 독도는 신문사상 최초 게재된 항공사진이었다. 그날 밤 최경덕은 독도 사진이 게재된 동아일보 신문을 들고 이번 항공촬영을 도와준 박 소령과 함께 밤새도록 술을 마셨다.

최경덕은 후배 기자들에게 "보도사진에 있어 불가능은 항상 있지만 일단 계획을 세워 추진하면 목숨을 걸고 밀어붙여야 한다"라고 강조하곤 했다. 그리고 "녹이 쓴 칼로 회를 칠 수 없듯 특종을 하려면 무엇보다도 렌즈가 좋은 카메라가 필요하다"라고 경영주를 설득해 국내 신문사상 최초로 사진기자 전원에게 라이카 M3 카메라를 지급하게 했다. 당시 라이카는 주택 전셋값 정도가 될 만큼 고가였다.

그는 한국전쟁 때 백선엽 장군을 따라 평양까지 종군해 금성무공훈장을 받았으며, 4·19혁명을 취재한 이명동·박용윤·홍성혁 등 동아일보 사진기자들의 사진을 모아 사진집 『민주혁명의 기록』을 출판하기도 했다.

최경덕(崔慶德, 1923-2004)

경북 달성 출생
일본 나고야고등학교 졸업
아사히신문(朝日新聞) 나고야 사진부 기자
경성일보 사진부 기자
동아일보 편집국 사진부장
서울신문 편집국 사진부장

미륵증산교의 종교의식.
탁명환, 1965.

신흥종교 연구가

다양한 종교가 공존하는 시대에서는 종교가 정신적 안정을 제시해주기도 하지만, 정체불명의 신흥종교로 인해 사회가 혼란스러워지기도 한다. 1960년대 말 한국이 농경사회에서 산업사회로 전환하면서 신흥종교가 마구 생겨나기 시작했다. 이때 신흥종교 연구의 선구자이자, 특히 기독교 이단 연구와 수많은 강연, 저술을 통해 이단 종교의 심각성을 알린 사람이 탁명환이었다.

1970년 4월, 어느 날 우연히 덕수궁 옆을 지나다가 국립공보관 전시실에서 열리고 있던 탁명환의 《한국신흥종교사진전》을 보게 되었다. 그는 전시 서문에서 "7년간 전국을 누비고 다니면서 촬영한 신흥종교 사진과 자료를 가지고 전시회를 열었다. 전국의 신흥종교 단체는 180여 개에 이른다. 종교단체라기보다는 범죄단체라고 해야 옳을 만큼 문제점이 많은 신흥종교 단체를 폭로, 고발하는 것은 시정을 요구하기 위해서였다. 원래 사진가는 아니지만 카메라에 담은 신흥종교 단체들의 생생한 모습을 폭로하고 싶어서 전시회를 하게 되었다"고 밝혔다.

그의 사진들은 생동감 넘치거나 오래 기억에 남는 이미지가 아니었지만, 사이비 종교집단을 카메라로 고발하고 있다는 사실 자체에 주목하고 관심 있게 둘러보았다.

전시장에는 자신이 직접 취재한 사진과 자료가 나열되어 있었다. 보천교 강증산(姜甑山)의 화신이라고 주장하는 60세의 정삼룡 여인은 36일간 단식기도 끝에 '미륵증산교(彌勒甑山敎)'를 창교했으며, 1974년에는 세계에 이변이 일어날 것이라고 예언했다. 탁명환은 1965년 경전조차 없는 그들의 터무니없는 세계통일기원 제사 장면을 촬영했다.

탁명환은 사진가라기보다는 언론인 또는 다큐멘터리적인 종교 연구가에 가까웠다. 1970년대 대부분의 사진가가 카메라를 들고 아름다움만을 추구하고 있을 때 탁명환은 사진을 통해 혹세무민하는 신흥종교를 비판하고 있었다.

탁명환은 잡지에 '용화교'의 실상을 폭로했다가 법정 시비에 휘말리기도 했으며, 매번 협박과 모략에 시달리면서도 초기 동방교와 오대양, 통일교 사건에 이르기까지 이단 종교에 대한 방대한 연구로 한국 종교연구의 시금석을 놓았다.

그는 가나안농군학교에서도 '신흥종교연구'에 대한 강연(1978)을 했으며 「동방교 신도 교육에 있어서 비판적 고찰」이라는 논문으로 연세대에서 석사학위를 받았다. 그러나 이단과 타협하지 않는 고집불통으로 인해 MBC의 PD수첩에 영생교에 대한 인터뷰가 나간 며칠 후인 1994년 2월 19일 새벽에 테러를 당해 사망했다.

탁명환(卓明煥, 1937-1994)

전북 정읍 출생
대구대 신학과 졸업
연세대 연합신학대학원 석사
기독신보 취재부장
코리아 라이프 취재부장
루크 코리아 편집국장
신흥종교연구소 소장

등에 업힌 손자에게 국수를 떠먹이는 할머니.
최민식, 부산, 1965.

휴머니즘 사진가

할머니가 등에 업은 손자에게 국수를 떠먹이는 장면에서 자애로운 손길과 따뜻한 마음을 읽을 수 있다. 사진가 최민식은 여든 살이 넘은 나이에 이르기까지 평생을 변함없이 가난한 사람들에게 포커스를 맞춰 왔다.

최민식은 인간의 가난한 삶을 표현하는 사진가였지만, 박정희 정권 시절에는 탄압받은 사진가였다. 모두가 새마을운동에 열을 올리는 판에, 최민식은 홀로 가난한 사람들만 찍고 있으니 남들이 보기에는 방해꾼이나 이상한 사진가로 보였을 것이다. '거지 사진'을 찍다가 여러 번 간첩으로 오인받아 파출소에 끌려갔으며, 거리에서 사진을 찍다가 멱살을 잡혀 법정에 서기도 했다.

그가 가난한 사람들의 사진을 찍게 된 동기는 한국전쟁이 끝난 혼란기인 27세(1955) 때 일본으로 밀항하면서였다. 그는 낮에는 식당과 인쇄소, 과자공장에서 막일을 하면서 저녁에는 도쿄중앙미술학원에서 디자인을 공부했다. 그러다 헌책방에서 에드워드 스타이켄의 『인간가족』 사진집을 보고 감동을 받았고, 2년 동안 방황하다가 일본제 펙츄리 카메라를 구입해 귀국했다.

그의 사진 실력은 순전히 독학으로 얻은 것이었다. 그는 부산 '소년의 집'에서 외국에 구호물자를 요청할 사진을 찍을 사진가를 모집한다는 광고를 우연히 보면서 처음 사진을 시작했다. 1년 반 동안 가난한 사람들의 사진만을 수만 컷 찍으면서, '거지 사진'만 찍는 사진가로 입문한 것이다. 이때 찍은 사진을 바탕으로 사진을 시작한 지 10년 만에 그의 사진은 미국·일본·프랑스·독일·벨기에·이탈리아·네덜란드 등 여러 나라의 사진공모에 출품해 200여 점이나 입선이 되었다.

사진가 최민식을 발견한 사람은 동아일보의 이명동 사진부장이었다. 인간애에 바탕을 둔 최민식의 사진 재능을 알아본 그는 동아일보에서 발간한 사진집 『휴먼』 제1집(1968)의 출판을 도왔다.

최민식의 사진은 가난을 비참하게 찍는 사진이 아니라, 슬픔에 젖은 사람의 눈물을 닦아 주는 휴머니즘 사진이며 상대가 의식하기 전에 찍는 연출 없는 스냅샷(Snapshot)이었다. 요즘 대부분의 젊은 사진가들이 사진의 특성인 현실의 기록성을 무시하고 사진을 합성하고 기교를 부리지만 그는 '어떻게 사진을 찍는가'보다 '왜 사진을 찍는가'라는 생각을 앞세워야 한다고 주장하는 정직한 사진가이다.

최민식은 '작가는 어디를 나왔느냐가 중요한 것이 아니라 무슨 작업을 하느냐가 중요하다'고 생각한다. 그는 평생을 가난한 사람들에게 포커스를 맞춰 왔다. 오직 외면 받는 가난한 사람들의 고달프고 슬픈 이미지를 증언함으로써 사진을 통한 사회의 변화를 시도한다. 이 정신이야말로 작가의 소명의식이고, 그를 사진계의 장인(匠人)이라고 부를 수 있는 근거다.

최민식(崔敏植, 1928-)

황해도 연백 출생
일본 도쿄중앙미술학원 졸업
독학으로 사진 공부
사진집 『휴먼』(총14집) 출간
『휴먼 선집』(2012, 눈빛) 출간

베트남 푸옥장 전투에서 하복부에 총탄을 맞은 전우를 안전지대로 이송하는 해병대원들.
이요섭, 1965.

종군사진기자

한국의 포토저널리즘 사진가들은 서양의 포토저널리즘을 숭배하는 것이 지나쳐 마치 로버트 카파(1913-1954)를 하늘처럼 떠받들곤 한다. 그러나 정작 한국의 종군사진기자 이요섭의 이름을 아는 사람은 많지 않다. 하지만 이요섭은 한국의 몇 안 되는 특별한 사진가임을 기억해야 한다.

이요섭의 용감함을 따지자면 스타 사진가인 로버트 카파에 결코 뒤지지 않는다. 그는 30여 년간 전 세계는 아니지만 동남아시아의 전쟁 지역을 누비고 다녔다. 그는 미국에서 베트남전의 불사조, 동남아 전선을 누빈 명사진가로 알려져 있다. 이요섭이 서울신문 사진기자로 근무하던 20대 초반, 그는 이미 '사진기자와 장군이 유명해지려면 전쟁밖에 없다'라는 신념을 가졌다.

그는 1965년 서울신문의 특파원으로 베트남전쟁에 종군했고, 맹호 전진 1호, 청룡부대의 투이호아 작전, 나트랑 작전 등 주요 작전에서 활약한 한국군 병사들의 모습을 생생하게 기록했다.

이요섭은 취재 활동이 점차 많아지고 영역이 넓어지면서 귀국을 하지 않고 외국 언론사에서 활동하기 시작했다. 외국의 언론들이 그를 주목했기 때문이다. 처음에는 영국 통신사에서 근무하다가 캄보디아 국경에서 베트콩의 포로가 되어 14일간 끌려 다니며 죽을 고비를 넘기고 간신히 구조되자마자 미국 ABC-TV에 스카우트되어 베이루트까지 취재했다.

1977년에는 태국 남부 국경지대를 취재하다가 지뢰를 밟아 중상을 입기도 했다. 로버트 카파는 지뢰를 밟아 바로 사망했지만, 이요섭은 왼쪽 다리를 잃었다. 그는 한 쪽 다리가 날아가는 중상을 입은 와중에도 부상당한 자신의 신체와 10미터 밖으로 날아간 자신의 다리를 찍고 쓰러졌다. 이때 찍은 필름이 미국에서 방영되어 그의 기자정신에 탄복한 ABC-TV 사장이 직접 그를 병문안하고 최고급 의족을 선물할 정도였다. 이후에는 사장이 "이제 힘든 취재는 하지 말고, 데스크를 보면서 후배를 키워 달라"라며 그에게 사진기자 출신으로는 최초로 ABC-TV 서울지국장 자리를 맡기기도 했다.

평소 이요섭의 기자정신에 깊은 감동을 받았던 필자는 당시 프레스센터에 있는 ABC-TV 서울지국을 찾아가 그의 살아온 이야기를 들은 적이 있다. 부드러운 곱슬머리에 까무잡잡한 얼굴의 그는 에너지가 넘치고 센스 있고 동작이 민첩한 중년 신사였다. 평소 후배로서 그를 만나보고 싶었다고 하자, 그는 이후의 약속을 모두 취소시키고 이후의 시간을 모두 내게 할애해 주었다. 점심을 먹고 일어서도 좋았지만, 그는 굳이 나를 연희동에 있던 자택까지 데려가 그동안 기록한 전쟁사진들을 친절하게 보여주기도 했다. 그는 굉장히 너그러운 사람이었다.

집에 도착하자마자 의족이 불편했는지, 왼쪽 다리에 차고 있던 의족을 벗어 책상에 기대 놓더니 급히 미국에 보낼 기사가 있는지 갑자기 타이프를 치기 시작했다. 그 모습이 인상 깊어 무심코 사진을 찍었는데, 그는 그저 싱긋 웃어 보였다.

이요섭은 사진기자가 현장을 떠나 있으면 사진기자가 아니라고 말했다. 사무실에 앉아만 있는 지국장 자리가 여간 골치 아픈 게 아니라고 말했다. 그는 사진뿐 아니라 기사도 잘 쓰는 기자였다. 만능 스포츠맨에 술 잘 마시고, 사교춤도 잘 추는 멋쟁이었다.

헤어지면서 "사진만 찍어 대는 사진기자보다는 글도 쓸 줄 아는 사진기자가 되라"고 당부하던 그의 음성이 지금도 귓가에 생생하다. 그는 1966년 제1회 한국신문기자상과 1976년 세계보도사진상을 받았다. 1993년 안타깝게도 미국 뉴욕에서 간암으로 별세했다.

이요섭(李要燮, 1933-1993)

서울 출생
서울신문 편집국 사진부 기자
서울신문 베트남 특파원
미국 ABC 뉴스 사진기자
미국 ABC 서울지국장

북한의 연속적인 해안포 공격으로 침몰하고 있는 해군 56함정.
권상용 중위, 1967. 1. 19.

침몰하는 56함정

1967년 1월 19일, 해군 함정들은 여느 때와 같이 동해 바다에서 명태잡이 작업을 하던 수백 척의 남쪽 어선들이 남북 한계선을 넘지 못하게 통제하고 있었다. 그런데 오후 2시 40분경 갑자기 비상이 걸려왔다. "56함 당포호(唐浦號, 650톤급 상륙 통제함)가 북한의 무자비한 해안포격으로 침몰 직전에 처했으니, 바로 출동해서 구조하라"라는 사령관의 긴급 무전이었다. 무전을 받은 53함이 출항했다. 당시 작전장교로 근무하던 권상용 해군 중위의 회상이다.

"이제 전쟁이구나라고 생각했다. 1시간 정도 망망대해를 전속력으로 달려가 망원경으로 살펴보니, 56함정이 불타면서 침몰하고 있었다. 하지만 56함을 도저히 구출할 수 없는 상황이었다. 왜냐하면 어디서 날아오는지 알 수 없는 북한 해안포 포화가 계속되었기 때문이다. 북한 해안포는 처음부터 계획한 듯 56함정만 집중적으로 겨냥했고, 반드시 침몰시키겠다는 것처럼 엄청난 화력으로 비오듯 폭격을 퍼부었다. 56함정을 침몰시키기 위해 무려 200여 발 이상 쏘면서도 근처에 있던 53함정에는 한 발도 쏘지 않았다. 그래서 이 비참한 상황을 본부에 구두로 보고하는 것보다는 사진으로 보고해야겠다는 생각을 했다. 나는 즉시 베트남 백구부대에 잠시 근무할 때 구입했던 아사히 팬탁스 카메라 SV를 들고 현장을 찍기 시작했다."

56함정은 50분 동안 포탄을 맞고 제자리에서 빙빙 돌다가 마침내 검은 연기를 내뿜으며 후미부터 점차 잠기더니, 곧 수직으로 곤두서 깊은 바다 속으로 빨려 들어갔다. 56함정이 침몰하자 북한의 해안포 포격이 언제 그랬냐는 듯이 뚝 그쳤다. 권상용 중위는 대응도 못한 채 간신히 침몰 해역으로 다가가 바다에 빠져 흩어진 병사들을 구출하면서 사진도 함께 찍었다.

56함정 침몰사건은 79명의 해군 병사 중 39명이 사망한 비극적인 사건이었다. 권 중위가 찍은 필름은 해군참모총장에게 전달되었다가 총장이 다시 조선일보 기자에게 전달했다.

해군 56함정이 침몰하는 순간을 찍은 필름이 조선일보사로 넘어가게 된 것은 정말 우연한 일이었다. 동해에서 해군 함정이 피격되기 하루 전에 남해 가덕도 부근에서 제주도로 왕래하는 대형 여객선이 해군 함정과 충돌 침몰하면서 승객 3백 명이 죽은 사고가 발생했다. 국내 언론사 기자들이 모두 사고현장인 진해에서 취재 경쟁을 벌이는 와중에 김영관 해군참모총장이 기자회견을 열고 "제주도 여객선의 참사도 안타까운 일이지만 방금 동해안에서 일어난 북한의 해안포격으로 해군 함정도 침몰하니 그쪽으로 가자"라고 했다. 그러나 대부분의 기자들은 "해군이 여객선 침몰사건을 의도적으로 축소하려고 하는 조작"이라고 생각하고 동해안으로 출발하는 함정에 승선하기를 거부했다. 그러나 유일하게 조선일보 윤병해 사회부 기자만 혹시나 하는 마음으로 해군 함정에 올라 동해로 출발했다.

해군참모총장은 현장에서 권상용 중위가 촬영한 필름을 인수받아 윤병해에게 전달하며 "당신이 특종이요"라고 했다고 한다. 윤 기자는 권 중위가 촬영한 56함 침몰 필름을 들고 해군이 제공한 헬리콥터를 타고 묵호에서 서울로 향했다. 당시 기타 국내 언론은 해군참모총장의 배를 타고 동해를 가지 않은 결과로 조선일보 1면에 특종 보도된 56함 침몰의 결정적 순간이 담긴 사진은 한 장도 얻지 못했다. 그들은 조선일보의 신문사진을 복사해서 간신히 보도할 정도로 큰 낭패를 맛보았다.

권상용(權相勇, 1940-)

서울 출생
해군사관학교 18기
해군 53호 함정 작전장교
해군 항공부대 조종사 훈련
해군 대령으로 예편
아시아나항공 국제선 조종사

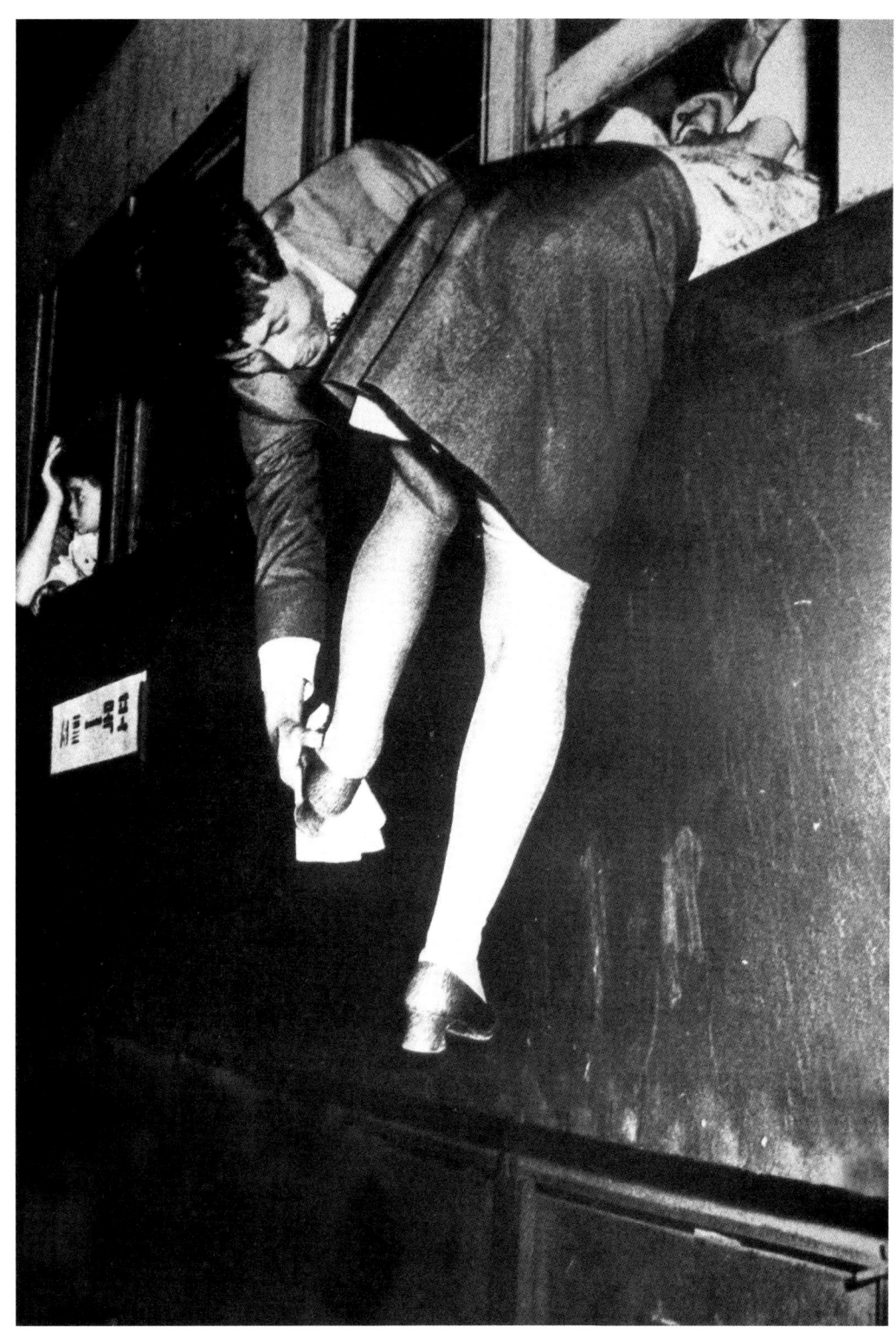

먼저 열차에 올라타 열차 좌석을 차지한 청년이 동행한 여성을 창문으로 끌어올리고 있다.
김성배, 1967. 9.

귀성 열차

도시에서 고생하는 서민들에게는 1년에 두 번 찾아오는 명절 때마다 고향 가는 기차표 구하기가 하늘의 별따기만큼 어려웠다. 열차가 출발하기 전, 미리 충분한 여유를 가지고 편안하게 열차에 오를 수 없었고, 치열한 경쟁을 거쳐야만 했다. 지정석을 표시하는 좌석번호가 없는 완행열차여서 그랬는지, 기차를 타고 귀성하는 것은 서민들에게 너무나 큰 고통이었다.

목포로 가는 완행열차의 경우엔 더 심했다. 서울역 역무원들은 승객들을 하루 종일 줄 서 기다리게 해 놓고, 출발 5분 전쯤에 열차로 내몰아, 마치 단거리 달리기를 하는 것처럼 자리를 차지하기 위한 경쟁이 치열했다.

사진은 1967년 9월 21일, 추석을 하루 앞두고 먼저 뛰어 들어가 자리를 먼저 차지한 청년이 창문을 통해 동행하는 여성을 끌어올리는 장면이다. 이 진풍경을 찍은 김성배는 당시 서울신문 사진기자였다. 그는 당시를 이렇게 회상했다.

"귀성 열차는 항상 무질서했다. 요금을 내면 당연히 받아야 할 서비스를 못 받아도 항의도 못할 정도로 서민들은 무질서에 익숙해졌고, 오직 자리 쟁탈전에만 혈안이 되었다. 그러다 보니 좌석은 항상 체력 좋은 사람들의 차지였다. 한번 열차를 타려면 사람들은 몇 시간이고 기다리다 간신히 고통스럽게 열차에 오르면 몸이 파김치가 되어도 모처럼 고향 간다는 생각에 고통을 잊고 웃는 사람들이 많았다. 열차 서비스는 엉망이었고 교통행정이 최악인데도 서민들은 항의도 안하고 너무나 순수했다. 정말 기가 찰 노릇이었다."

몰려드는 승객들을 방치하다가 구정을 이틀 앞두고 일어난 '서울역 압사사고'(1960. 1. 26)를 사람들은 벌써 잊고 있었다. 그 사건이 일어났을 때에도 목포행 완행열차 출발을 5분 앞두고 개찰구를 개방하는 바람에 한데 몰린 승객들이 계단에서 넘어져 31명이 밟혀 죽고 40여 명이 중경상을 입었다. 평소보다 세 배나 많은 4천여 명을 열차로 내몰아 비극을 초래한 책임을 물어 검찰이 서울역장과 여객주임을 구속했다. 그런데도 사고에 대한 경각심은 그때뿐 여전히 악순환은 계속되었다. 대형 참사의 우려가 항상 도사리고 있는데도 무질서가 계속되고 있었다.

당시에는 좌석제로 좌석을 배치하는 철도행정은 기대할 수 없었다. 좌석을 잡지 못하면 7-8시간을 꼬박 서서 가야 될 판이라 모두들 열차를 향해 필사적으로 뛰어가야만 했다.

김성배(金星培, 1938-)

성균관대 불문학과
고려대학교 행정대학원
일요신문 사진부 기자
신아일보 편집국 사진부 기자
스포츠서울 사진부장
서울신문 편집국 사진부장
서울신문 편집국 심의위원

체포 당시의 무장간첩 김신조.
장홍근, 1968. 1. 22.

1·21사태와 김신조

북한에서 침투한 무장간첩 31명이 청와대를 습격하기 위해 1968년 1월 21일 밤 10시경 서울에 침투했지만 모두 사살되고 유일하게 김신조만 홍제동에서 생포되었다.

무장간첩들은 1월 16일, 평양을 출발해 미 제2사단 철조망을 뚫고 파주를 통과해 세검정 자하문고개를 넘어 청와대 부근까지 접근했다. 그들은 자하문 고개에서 종로경찰서 최규식 서장이 권총을 뽑아 들고 "소속을 밝히시오! 외투 안에는 뭐가 없소?" 하고 고함을 지르는 순간, 최 서장의 가슴에 총을 쏜 후 뿔뿔이 흩어져 달아나기 시작했다. 김신조는 경복고등학교 담장을 넘어 인왕산을 타고 헤매다가 홍제동 부근에서 군인의 검문에 걸리고 말았다. 그는 수류탄으로 자폭하려다 곧바로 체포되었다.

중앙일보 장홍근 사진기자는 1월 22일 새벽 3시경, 채원식 치안국장의 지프가 홍제동파출소로 가고 있다는 정보를 알아내고 그곳으로 갔다. 홍제동파출소에는 상황본부가 설치되어 있었고, 소속을 알 수 없는 영관급 장교와 중앙정보부 요원, 특수부대원과 사복형사들이 북적거리고 있었다. 바로 그때 파출소 안에서 베트남전 종군을 할 때 잘 알고 지내던 제30사단장 허준 장군을 만나게 되었다. 장홍근이 다가가 인사를 하자 허 장군이 반가워하면서 "생포된 간첩이 이곳으로 오고 있으니 조금만 기다리라"라고 말했다. 잠시 후, 무장한 군인들에게 둘러싸여 양손이 뒤로 결박당한 채 한 청년이 들어왔다. 무장간첩이라고 하면 흉악하고 무섭게 생긴 얼굴일 것 같았지만, 이 청년의 얼굴은 순박한 시골 청년 같았다. 그의 소지품은 수류탄과 엿 두 조각, 말린 오징어 한 마리, 약간의 비상약과 물이나 흙 속에 몸을 숨기고 숨을 쉴 수 있는 호흡용 파이프가 전부였다. 낡은 인민복 상의와 흘러내릴 듯한 바지를 입은 그를 도망가지 못하도록 군인들이 우악스럽게 잡고 있는 긴장감 속에서, 장홍근은 떨리는 손으로 셔터를 누르기 시작했다.

군인들이 "이름은 뭐냐?" "이곳에 온 목적은?" 등 속사포처럼 질문을 퍼붓자, 김신조는 거침없이 "박정희의 멱을 따러 왔다"라고 말했다. 탈주와 체포로 피로해진 얼굴과는 달리 김신조의 목소리는 또랑또랑했다. 그는 파출소에 들어온 지 채 5분도 되지 않아 앰뷸런스에 실려 어둠 속으로 사라졌다.

장홍근은 비록 네 컷의 사진밖에는 찍지 못했지만, 정신을 차리고 주위를 둘러보니 자신 외에는 사진기자가 없어 '이 사진은 확실한 특종감이다'는 확신을 가질 수 있었다. 하지만 다른 한편으로는 그 사진을 혼자 찍었다는 사실이 슬며시 겁이 나기도 했다. 군사정권 하의 군인들에게 간첩 사진을 찍었다고 당시 정부가 남발하던 대외비로 분류되어 사진을 압수당할까 봐 걱정이 되어서였다. 그는 슬슬 자리를 피해 신문사로 냅다 뛰어갔다.

체포된 무장간첩 김신조의 사진은 중앙일보 제1면 톱으로 나갔다. 사진 없이 기사만 나간 다른 신문과는 다르다는 것을 알게 된 중앙일보사 홍진기 사장은 직접 장홍근에게 전화로 격려하고 특종 격려금 5만 원을 전달했다. 외신들도 앞다투어 장홍근의 사진을 전 세계로 전송했다.

김신조는 함경북도 청진 출신으로, 북한 124군 부대 소속 소위였다. 1966년과 1967년 두 차례 남파되어 정찰활동을 한 바 있으며, 1968년 체포되었다. 그 후 그는 중앙정보부의 주선으로 삼부토건 건설회사에 12년간 근무하다가 서울성락교회 목사로 2009년까지 재임하였고, 2011년에는 한나라당 북한 인권 및 탈북자·납북자위원회 고문으로 활동했다.

장홍근(張洪根, 1934-1999)

경기도 개성 출생
홍익대 신문학과 졸업
중앙일보 편집국 사진부 기자
최초의 베트남 종군특파원
중앙일보 편집국 사진부장
중앙일보 부국장 겸 편집위원
일광스튜디오 대표

선글라스를 끼고 바둑을 두는 김종필.
김경태, 부산, 1968. 6.

김종필의 선글라스

공화당 정치인이었던 김종필은 1968년 6월 2일, 공화당 탈당계를 제출한 뒤 모든 공직을 내놓고 홀연히 부산 해운대로 내려갔다. 당시 4인 체제(김성곤, 백남억, 김진만, 길재호)였던 공화당은 박정희 대통령의 인기에 위협이 되는 김종필 세력을 견제하고 있었다. 그래서 권력이 충돌할 때마다 그 중심에는 항상 김종필이 있었고, 그는 뉴스가 되었다.

당시 한국일보 사진기자였던 김경태는 김종필의 거취를 추적하기 위해 부산으로 출장을 떠났다. 김종필은 해운대로 떠난 지 72시간 만에 극동호텔 스위트룸에 모습을 드러냈다. 검은 선글라스를 끼고 LG그룹의 창업주인 구인회의 동생 구태회 의원과 바둑을 두고 있는 모습이 발견된 것이다. 구태회는 기업인이자 정치인이었다. 정치인들은 종종 바둑을 두면서 정치의 태풍을 헤쳐 나가는 묘책을 강구하기도 한다. 김경태는 그 상황을 살피면서 어떻게 사진을 찍을 것인지를 고민했다. 그저 바둑을 두는 평범한 사진이 아닌, 김종필을 특별히 부각하는 사진을 찍고자 했다. 5·16쿠데타의 시공을 박 대통령이 맡았다면, 설계는 김종필이 했다고 할 수 있을 정도로 그는 중요한 인물이었다.

김경태는 김종필이 바둑을 두는 모습을 여러 각도로 살피며 탐색하다가 로우앵글로 바둑판이 반사된 검은 선글라스를 바라보았다. 무궁무진한 바둑 전략처럼 선글라스에 비친 바둑판은 김종필이 앞으로 겪을 숱한 좌절과 정치역정을 예견하고 있었다. 그것은 김종필의 운명과 딱 어울리는 자화상이었다. 김경태는 검은 선글라스에 비친 바둑알을 클로즈업하면서 10여 장의 사진을 찍었다. 그리고 사진을 찍자마자 즉시 본사로 송고했다. 신문에 게재된 그의 사진은 곧 화제가 되었다. 지금까지 찍힌 김종필의 인물사진 중에서 복잡한 그의 심경을 가장 압도적으로 잘 표현한 걸작이라는 평가를 받았다.

당시 김종필은 제7대 국회의원 선거에서 충남 부여의 국회의원으로 당선되었지만 부정선거 혐의와 복지회사 사건으로 의원직을 사퇴(1968)하고 난 뒤였다.

그는 육군사관학교를 졸업(1948)하고 중령으로 육군본부 정보참모본부 기획과장(1958)으로 근무할 때 박정희 장군이 주도하는 5·16쿠데타에 가담했다. 쿠데타가 성공한 후 중앙정보부(현재의 국가정보원)를 창설해 자신이 초대 중앙정보부장(1961-1963)을 지내면서 일본 오히라 외상과 한·일회담 비밀각서(1962)를 교환했는가 하면, 육군 준장(1963)으로 예편하고는 민주공화당 창당준비위원장(1963) 및 공화당 의장으로도 활약했다.

김종필은 박정희 대통령과 영원히 결별할 수 없는 관계였다. 그는 박 전 대통령의 조카사위로, 부인이 박영옥(박 대통령의 큰형 박상희의 딸) 씨이기도 해서 박 대통령의 장기집권 아래 국무총리, 공화당 총재, 수석 상임고문까지 역임했다. 박 대통령 사망(1979) 이후 공화당 총재 및 의장을 맡아 박정희 없는 당을 혼자 끌고 나가려 했지만 그의 인생은 그때부터 서서히 저물기 시작했다. 전두환 정권이 비상계엄사태(1980)를 선포하고 정치활동의 발을 묶는 바람에 좌절하고 만 것이다.

그 후 재기를 노려 제17대 총선거(2004)에서 자민련의 비례대표로 나와 국회의원 10선의 기록이나마 달성하려고 했지만 정당득표율이 2.8퍼센트에 그쳐 뜻을 이루지 못하고 끝내 정계에서 완전히 은퇴하고 말았다.

김경태(1938-)

전북 이리 출생
성균관대 경제학과 졸업
한국일보 편집국 사진부 기자
한국일보 편집국 사진부장
서울경제신문 사진부 국장

윤미네 집의 저녁식사 풍경.
전몽각, 숭인동, 1968.

카메라로 쓴 가족일기

봉급쟁이로 살아가려면 어느 정도 자리를 잡을 때까지는 좁은 전셋집을 전전해야 한다. 이사를 다니는 26년 동안 전몽각은 자신의 아이들이 성장하는 모습을 지켜보면서 아이들이 깔깔거리며 웃고 뒹굴고 비벼대고 성장하는 가족사를 카메라로 찍었다. 그리고 『윤미네 집』(1990)이라는 사진집을 냈다. 이 사진집은 국내에서 발간된 최초의 가족 다큐멘터리 사진집이라고 할 수 있다. 이 사진집에는 시장보기, 할아버지 집 나들이, 동네 아이들과 노는 모습, 야산에서 나비를 쫓는 모습, 심통 부리는 얼굴, 북한산 가족 캠핑, 대학 합격 발표, 딸이 데이트하는 장면 등이 나와 있다.

전몽각은 카메라를 들고 가족들에게 이래라 저래라 연출하지 않고 자연스럽게 찍었다. 그리고 좋은 모습만 찍지도 않았다. 부모와 함께 세 아이가 함께 누워 자야 되는 좁은 환경에서도 이불을 걷어차고 발밑에 뒹구는 모습을 찍다가 아내에게 야단을 맞기도 했다. 문제는 어지간히 사진에 매력을 느끼고 있는 아버지가 아니라면 이런 고달픈 삶을 살면서 카메라를 꺼내기 힘든데, 전몽각은 카메라로 가족일기를 만들었으며 구김살 없이 밝게 찍었다.

이미 그는 《윤미네 집》(1971)이라는 전시회를 신세계백화점에서 연 사진가였다. 대부분의 사진가들은 본인들의 가족사는 카메라에 담지 않으면서 집 밖의 아름다운 풍경을 찍은 사진이 위대한 사진인 양 생각한다. 또 가족사진집 같은 사진을 찍는 사람은 사진가도 아닌 것처럼 재단하는 풍토에서 전몽각은 가족사진도 좋은 사진 소재가 될 수 있다는 알게 해 주었다. 그가 만약 가족을 관찰하고 기록했듯이 사회를 진지하게 탐색하며 본격적인 다큐멘터리 작업을 했다면 충분히 훌륭한 사진가가 되었을 것이다.

전몽각은 무미건조할 수밖에 없는 가족 이야기를 변화무쌍한 가족사진집으로 전환시켜 놓았다. 일본의 사진가 아라키 노부요시(Nobuyoshi Araki, 1940–)처럼 자신의 부인이 관 속에 들어가는 사진까지 질리게 찍는 사진가는 아니지만, 따뜻한 시선으로 일기를 쓰듯 가족사진을 찍었다.

사람들은 자신의 머리로 사물을 판단하려는 노력을 별로 하지 않는다. 그래서 사진을 잘 모르는 언론과 허영심이 가득한 평론가들의 말만 듣고 마치 자신의 의견인 양 그대로 수용하는 경향이 있다. 사진가가 되려면 꼭 여러 번의 전시회를 열어야 하고 여러 권의 사진집을 내야 하는 법이 있는가. 한 번의 전시회, 한 권의 사진집을 낸 사진가도 우리는 눈여겨봐야 한다.

전몽각(全夢角, 1931–)

평북 용천 출생
서울대 공대 토목공학과 졸업
네덜란드 델프트 공대 유학
성균관대 토목공학과 교수
사진집 『윤미네 집』

남대문시장 화재로 무너진 건물더미에 깔린 한 소방관이 다급하게 구조를 요청하고 있다.
최정민, 1968. 11. 23.

절규하는 소방관

1968년 11월 23일 오전 4시 20분경, 서울 중구 남대문시장에서 화재가 발생했다. 한국일보 최정민 사진기자는 야근을 하다가 현장으로 달려갔다. 엄청난 화재는 이미 대도백화점과 상가 3동, 그리고 775개 점포를 잿더미로 만들어 버린 뒤였다.

최정민이 불타는 상가의 사진을 찍고 다시 전경을 찍기 위해 막 돌아서는데 무너진 건물 밑에서 불을 끄던 소방관 한 명이 건물더미에 깔렸다는 얘기를 들었다. 그는 암흑이 된 무너진 건물더미를 헤집으며 "저 좀 구해 주세요!"라는 비명에 가까운 외마디 절규가 들려오는 방향으로 엉금엉금 기어 들어갔다. 옆 건물이 언제 무너질지 모르는 위험한 상황이었지만, 생사의 갈림길에서 외치는 인간의 비명을 차마 외면할 수 없었다.

용산소방서 소속 황혁 소방관의 얼굴이 무너진 건물더미 사이에서 보였다. 그의 몸은 건물더미에 짓눌려 보이지 않고 얼굴만 약간 보이는데 생사의 기로에서 고통을 참느라 심하게 일그러져 있었다. 가까이 다가갔지만 손에는 구조장비가 아닌 카메라만 쥐고 있는 형편이어서 그를 구조할 수는 없었다. 최정민은 "한국일보 기자입니다. 선생님을 도와주려 왔으니 조금만 참으세요. 곧 구조대원들이 올 겁니다"라고 안심시키고 니콘 F 카메라와 스트로보를 사용해 세 장의 사진을 찍었다.

잠시 후 소방관들이 달려와 1시간 정도 구조활동을 펼쳐 황 소방관을 간신히 구조했다. 그는 화재를 진화하기 위해 건물에 뿌려댄 물구덩이에서 기적적으로 생환하면서 "아이 추워"라는 소리를 연발했고, 경찰병원으로 옮기는 도중 그동안의 고통으로 혼절했다.

암흑 속에서 찍은 소방관의 사진은 '필사의 절규'라는 제목으로 1969년 보도사진전에 출품되어 대상의 영광을 차지했다. 부상은 모든 사진기자들이 부러워한 라이카 M3 카메라였다.

최정민은 그때만 해도 사진기자로서는 흔치 않은 서울대 출신 사진기자였다. 물리학과 2학년 재학 중에 사진이 너무 좋아 1958년 한국일보 사진기자 시험에 응시했다. 당시 장기영(1916-1977) 사장이 면접을 하면서 "졸업을 하든지 중퇴를 하든지 해야지, 대학에 다니면서 한국일보 사진기자 생활을 할 수는 없다"라고 퇴짜를 놓았다. 하지만 최정민의 시험성적이 우수한 것을 안타깝게 여겨 며칠 후 장기영 사장이 직접 전화로 "졸업할 때까지 특별히 봐 줄 테니 당장 출근하라"고 지시했다.

최정민은 비록 사진기자였지만 보통의 사진기자와는 다르게 사진도 잘 찍고 기사도 빈틈없이 잘 쓰는 다재다능한 사람이었다. 그의 실력은 1961년 강원도 횡성에서 동계체전을 마치고 박찬갑 서울신문 사진기자가 비행기를 타고 오다가 실종되었을 때 빛을 발했다. 타사 기자들이 육로로 취재하며 분투하는 사이 그는 "친구의 사고를 취재하려고 하니 협조해 달라"며 원주에서 올라온 미군 고문관실 헬기 조종사를 설득해 항공촬영까지 한 뒤 추락한 비행기의 잔해를 생생하게 보도해 특종했다. 그의 사진과 기사는 한국일보 1면과 사회면 전체를 화려하게 장식했고, 경쟁 신문사들을 경악하게 만들었다. 당시 그는 비행기 잔해 속에서 박 기자의 시신 옆에 놓여 있던 카메라를 보았지만 그 자리에 그대로 두고 현장을 빠져나왔다. 이후 다른 사진기자들이 박 기자의 카메라 얘기를 많이 했지만, 최정민은 "순직한 박찬갑 기자의 카메라는 서울신문의 재산이 아닌가, 나는 양심에 따라 행동했다"라고 대답했다.

그는 "사진기자는 사진으로 세상의 정보를 제공해야 한다는 정열이 있어야 한다"라며 "사회, 정치, 문화, 예술, 스포츠, 인물 등 모든 분야에 대해 광범위한 지식을 습득해야 한다"라고 조언했다.

최정민(1939-)

서울 출생
서울대학 문리대 물리학과 졸업
한국일보 편집국 사진부 기자
중앙일보 편집국 사진부장
중앙일보 편집국 과학부장
중앙경제 국장대우
중앙일보 CTS 제작국장

흑산도 간첩소탕작전 뒤 사살한 무장간첩들의 시신 앞에서 환호하는 공수부대원들.
윤석봉, 1969. 6.

흑산도 간첩소탕작전

아침 일찍 동아일보 목포 주재기자로부터 전화가 왔다. 창설된 지 얼마 안 되는 공수부대 군인들이 갑자기 엿장수와 어부 등으로 변장해서 흑산도로 들어가고 있는데, 낌새가 이상하다는 것이다. 흡사 흑산도에 침투한 '간첩소탕작전' 같다는 내용이었다.

1969년 6월 13일, 전화를 받은 동아일보 최경덕 사진부장은 즉시 윤석봉 사진기자에게 출장명령을 내렸다. 윤석봉은 우선 200밀리 망원렌즈를 가방에 넣었다. 서울역에서 목포까지 기차 편으로 가서 흑산도까지는 배로 8시간에 걸쳐 가야 하는 먼 일정이었다.

윤석봉이 흑산도에 도착해 분위기를 살펴보니 돌아다니는 군인들이 전혀 보이지 않았다. 상황을 알 수 없자 정확한 정보를 알아보기 위해 파출소로 갔다. 카메라를 메고 파출소를 기웃거리니 민간복장을 한 중년 신사가 거만한 태도로, "당신 뭐하는 사람이오? 어떻게 찾아 왔소?"라고 물었다. 알고 보니 그는 중앙정보부 3국장(현역 육군 소장)이었다. 그는 당장 파출소장을 불러 "저 친구가 동아일보 사진기자라고 하는데, 어떻게 우리 작전을 알고 왔는지 모르겠다. 수상하니 어서 내쫓아라!"라고 고함을 질렀다. 파출소장은 동정하는 듯한 눈빛으로 "잠깐 자리를 피했다가 다시 들어오라"라고 말했다. 알고 보니 흑산도에 15명의 무장간첩이 간첩선으로 침투해 공수부대와 경찰이 합동으로 소탕작전을 펼치고 있었던 것이다. 그래서 낯선 외지인은 재수가 없으면 군인들의 총에 맞아 죽을 수도 있는 상황이었다.

윤석봉은 본격적으로 취재를 하기 위해 시장에서 운동화를 한 켤레 사 갈아 신고, 건빵과 사탕을 사서 주머니에 잔뜩 넣은 뒤 흑산도에서 가장 높은 산봉우리로 올라갔다. 그는 그곳에서 1시간 정도 동정을 살피던 중에 무전기를 달고 있는 경찰관 두 명을 만났다. 이들은 작전 상황을 군경합동본부에 수시로 전달하는 사람들이었다. 그들과 건빵을 나누어 먹으며 잡담을 하고 있는데, 갑자기 총소리가 연발로 들렸다. 그는 경찰과 함께 혼비백산해서 엎드렸다. 경찰은 반대 방향으로 갔지만 윤석봉은 총소리가 나는 지점으로 뛰어 내려갔다. 그 총격은 알고 보니 공수부대의 추격을 피해 해안의 동굴에 잠입한 간첩들이 쏘아 댄 것이었다. 군인들은 총과 수류탄으로 대응하면서 해안가 동굴로 진격했다. 삽시간에 전쟁과 같은 상황이 벌어지면서 총에 맞아 사망한 간첩들의 시체가 동굴 안에서 둥둥 떠내려오기 시작했다. 군인들은 사살된 무장간첩 시신 7구와 노획물을 모았다. 윤석봉이 카메라를 들이대자 그들은 일제히 만세를 불렀다. 정신없이 사진을 찍었다.

그러나 필름을 신문사로 송고할 방법이 없었다. 목포까지 배편으로 나가 다시 기차를 타고 서울에 올라가면 간첩소탕 뉴스는 그만큼 늦어져 버릴 것이 뻔했다. 그런데 마침 부근에는 목포로 나가는 공군 헬기 1대가 준비되어 있었다. 정보부 3국장과 전남경찰청 이현범 경비과장(전 전남도지사)이 타고 갈 헬기였다. 윤석봉은 염치 불구하고 정보국장에게 다가가 애원했다. "마감시간은 신문의 생명입니다. 죄송하지만 목포까지만 편리를 봐 주십시오"라고 하자, 이 국장은 "당신 나를 쫓아다니며 어지간히 속을 썩이는구먼, 지독한 사람이네"라고 하더니 경비과장에게 "어떻게, 양보해 주겠나?"라고 묻자 경비과장이 웃으면서 고맙게도 고개를 끄덕였다. 윤석봉은 헬기로 목포에 도착하자마자 사진부장에게 "흑산도 간첩소탕작전에서 특종했다!"라고 보고했다.

그의 평소 사진철학은 "뚜렷한 계획을 세우고 실패를 두려워하지 않으며 몸을 던져 이루려고 한다면 용기가 생긴다"라는 것이었다. 그의 소신이 이룬 값진 사진 한 장이었다.

윤석봉(尹石奉, 1941-)

충남 공주 출생
동국대학 법정대학 졸업
동아일보 편집국 사진부 기자
한겨레신문 사진부장
로이터 통신 사진기자

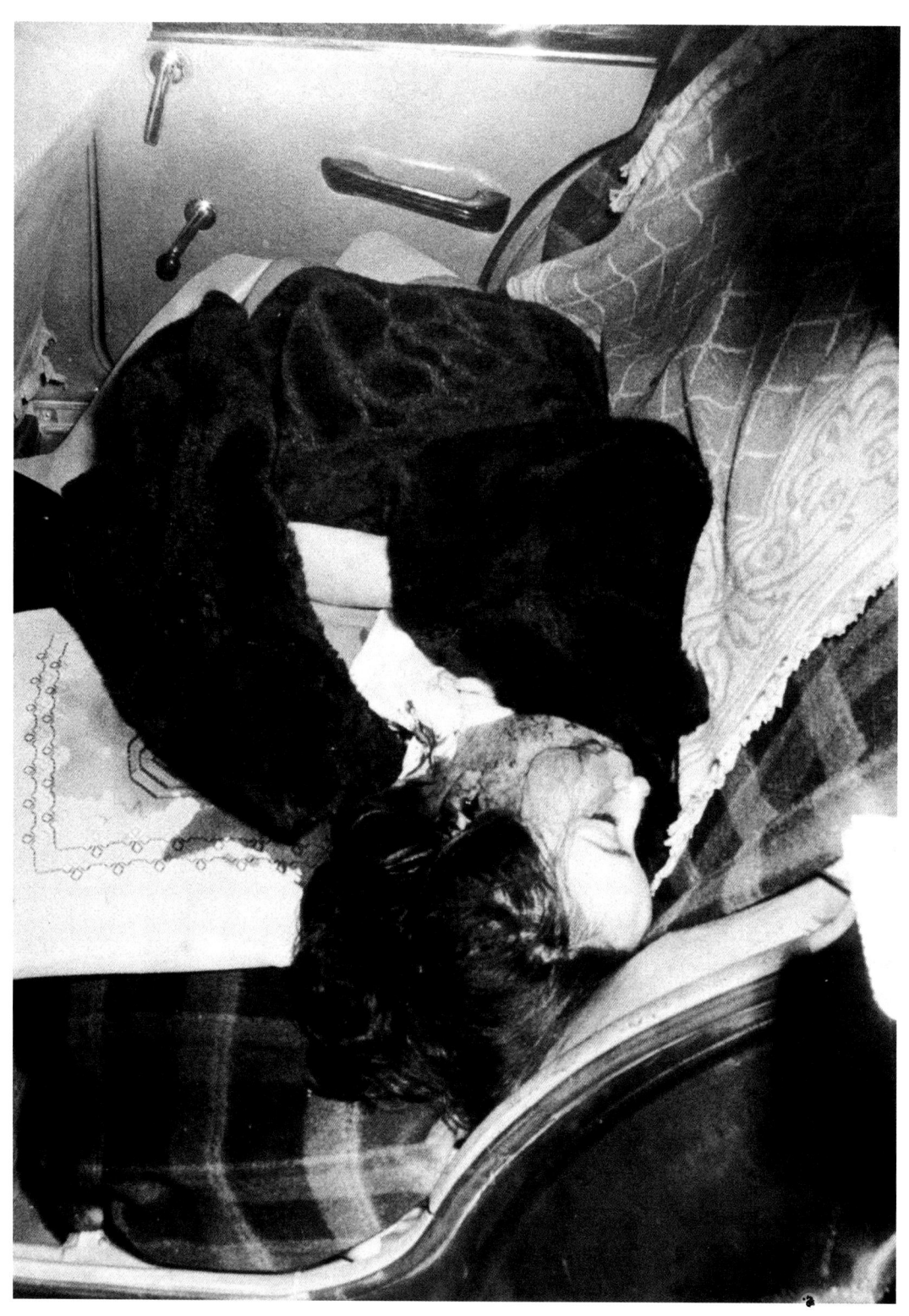

서울 강변도로에서 발견된 차 안에 피살된 정인숙.
최동완, 1970. 3. 17.

정인숙 살해사건

1970년 3월 17일 밤 11시경이었다. 서울 강변도로(지금의 강변북로) 절두산 부근에 사는 어느 독자가 한국일보로 사건 하나를 제보해 왔다. 한 여인이 총상을 입은 채 타고 있는 승용차가 강변도로에 버려져 있다고 했다. 당시 한국일보 사진기자였던 최동완은 정부의 강력한 총기 단속으로 심야의 총기사건이 드문데 혹시 간첩의 소행은 아닌지 하는 의구심을 가지고 사회부 기자 세 명과 함께 지프를 타고 현장으로 달려갔다.

그들은 절두산 부근의 강변을 수십 번 오르내리며 뒤져 보았지만 제보한 문제의 그 차량은 보이지 않았다. 부근 파출소에 들어가 확인도 해 봤지만 "모르겠다"라는 대답뿐이었다. 그들은 본격적으로 취재를 펴기 전에 서대문로터리 부근 식당에서 현장의 기자들과 회의를 열었다.

시경을 출입하는 고참 기자가 아이디어를 내놓았다. 마치 고위 간부인 척하고 마포경찰서장에게 전화를 걸어 정보를 캐내 보자는 것이었다. 경찰 고위층 간부와 목소리가 비슷한 기자가 연습을 한 후, 목소리를 깔고 능청스럽게 전화를 걸었다. "관할 지역에 사고가 나서 얼마나 피곤하시오? 골치 아픈 기자들의 접근은 무조건 막아야 합니다. 문제의 차량은 어디 있소?" 서장은 일말의 의심도 품지 않고 "노고산파출소에 귀신같이 숨겨 놓았습니다"라고 대답했다. 기자는 "외부에 절대로 노출되지 않도록 잘 숨겨 놓아야 한다"라는 당부의 말씀도 잊지 않고 슬며시 수화기를 내려놓았다. 그와 동시에 한국일보 기자들은 쏜살같이 현장을 향해 달려가기 시작했다.

사회부 기자들이 파출소장에게 "사고 차량을 보여달라"라고 실랑이를 벌이는 틈에 최동완은 파출소 마당에 주차되어 있는 10여 대의 차량을 수색하기 시작했다. 취재할 때마다 카메라 가방에 넣어 다니는 손전등이 효력을 발휘했다. 싸락눈이 지붕에 하얗게 내린 자동차 대여섯 대의 내부를 살펴 나가다 검정 코로나 차량의 뒷자석에서 사람인 듯한 물체를 발견했다. 마치 부상당한 사람 같기도, 시신 같기도 했다. 확인하기 위해 자동차 문을 여는 손이 덜덜 떨릴 정도였다.

문을 열어 보니 그 물체는 검은 밍크코트를 걸친 여인이었다. 해맑고 청순한 계란형의 얼굴을 한 미인이 마치 잠을 자고 있는 듯한 모습이었다. 죽었는지 살았는지 확인하기 위해 종아리에 손을 가만히 대어 보니 그때까지도 온기가 남아 있었다. 얼굴을 좀더 자세히 보기 위해 손전등을 가까이 비춰 보자 핏자국이 보였다. 왼쪽 귀 위에 총을 맞았는지, 상처에서 흘러내린 피가 시트를 흥건히 적시고 있었다.

최동완은 몸을 바짝 웅크리고 숨을 죽인 채 셔터를 눌렀다. 그는 니콘 F로 차량의 양옆, 앞뒤를 돌며 순식간에 20여 장의 사진을 찍었다. 강변에 있던 차량을 경찰이 이곳까지 옮겨 놓은 것을 보면, 반드시 사건의 배후에 무슨 음모가 있을 것만 같았다. 이 사진은 이튿날 사회면의 톱으로 게재되었다.

나중에 정인숙의 집에서 발견된 소지품에선 정관계 고위층의 명함이 쏟아져 나왔는데, 명단에는 박정희, 정일권, 이후락, 김형욱 등 대다수 5·16 주체세력들이 포함되어 있었다.

경찰은 죽은 여인의 이름은 '정인숙'이며, 요정에 나가면서 많은 남자와 사귀고 아들까지 낳는 등 사생활이 좋지 않자, 운전을 하던 오빠가 집안의 명예를 위해 살해했다고 공식발표했다. 그러나 이 발표를 믿는 사람은 아무도 없었다. 이 사건은 40여 년이 지난 지금까지도 베일에 싸여 있다.

최동완(崔東完, 1939-1996)

경기도 부천 출생
성균관대 상과대학 졸업
한국일보 편집국 사진부 기자
한국사진기자회 회장
한국일보 편집국 사진부장
한국일보 편집국 편집위원

납치한 일본항공기(JAL) 요도호 밖으로 인질을 앞세워 얼굴을 내민 납치범,
전창우, 김포공항, 1970. 3. 31.

'요도호' 납치범

1970년 3월 31일 오후 3시 15분, 일본항공(JAL) 요도호가 납치범에 의해 김포공항에 강제 착륙하던 날은 어수선했다. 모든 비행기는 착륙이 금지되고 공수부대가 즉각 범인들을 체포하기 위해 김포공항을 완전 포위했다. 조선일보 전창우 사진기자는 현장에 투입되어 비행기에서 어른거리는 납치범들의 모습을 찍기 위해 백방으로 노력했지만 허사였다. 물 한 모금 못 마시고 하룻밤을 꼬박 새웠지만 별 뾰족한 방법이 떠오르지 않았다.

전창우는 오후 4시 30분경 평소에 알고 지내던 경비를 담당하고 있던 공수부대장 정병주 장군(1989년 자살)에게 부탁했다. "일본 납치범들이 김포공항에서 나쁜 짓을 하고 있는데 사진 한 장 못 찍고 있으니 분통이 터진다. 어떻게라도 사진 좀 찍게 해 달라." 정 장군은 특종을 하고 싶은 열정에 사로잡힌 전 기자의 얼굴을 한참 쳐다보더니 "조금 있으면 범인들에게 음식물을 갖다 주는 시간인데 함께 들어가서 시도를 해 보라"라고 했다. 그러면서 그에게 공수부대 군복을 꺼내 주었다. 전 기자는 병사들 서너 명과 함께 지프를 타고 활주로로 질주해 들어갔다. 병사들은 납치극을 벌이고 있는 비행기 부근의 포탄 야적장에 그를 내려 주었다. 그는 니콘 F 카메라와 200밀리 렌즈를 꺼내어 조종석 창문을 보았다. 너무 멀어서 물체가 개미처럼 보여 절망적이었지만 공항 철조망 밖에서 우두커니 서 있는 것보다는 훨씬 낫다고 생각했다.

병사들이 음식물을 끈에 매달아 놓는 순간 조종석 창문이 열리면서 인질범이 조종사의 목에 사무라이들이 사용하는 장검을 들이대고 있는 모습이 순간적으로 비치자 본능적으로 사진 두 장을 찍었다. 마감 시간이 넘어서 얼른 공항 밖으로 나가야 했지만 출구가 타사 사진기자들이 잔뜩 몰려 있는 정문밖에 없어서 걱정이 되었다. 그래서 촬영한 필름을 비닐에 돌돌 싸 가지고 양말에 끼워 넣고 아무것도 촬영하지 않은 생필름을 카메라에 끼우고 태연하게 정문쪽으로 걸어갔다.

예상했던 대로 타사 사진기자들이 전 기자를 에워쌌고 어떤 사진기자는 헌병을 향해 "아무것도 안 찍고 그냥 나왔다고? 분명 저 친구가 철조망을 넘어 불법으로 안에 들어가서 무엇인가 찍고 나왔다. 몸을 뒤져서라도 필름을 압수해야 한다!"라고 고함을 질렀다. 그러나 전창우는 목숨을 걸고 촬영한 필름을 이유 없이 강탈당할 바보가 아니었다. 순간, 그는 카메라 속에 들어 있는 생필름을 꺼내 아스팔트 바닥에 힘껏 내팽개치면서 발로 짓밟고 뭉갰다. "이 사람들, 평생 속고만 살았구먼, 도대체 왜 그렇게 사람을 못 믿나!" 그리고선 타사 기자들이 어리둥절해 하는 사이에 취재차를 타고 공항을 빠져나오면서 본사에 차량 무전기로 "인질범을 찍었다! 1면을 비워 달라!"라고 전했다. 그는 과속과 신호위반을 감수하며 본사로 달려가 필름을 현상했다.

인질범 사진의 상태는 안 좋았지만 김포공항 뉴스를 알리는 최고의 사진이었다. 전창우의 사진은 조선일보 1면에 7단 크기로 크게 게재되었다. 당시 20여 명의 일본 사진기자들도 와서 맹렬히 취재했지만 소득이 없었기 때문에, 일본 신문도 부득이 전창우의 사진을 실을 수밖에 없었다.

특종 사진 덕분에 상복이 터졌다. 전창우는 이 사진으로 1970년 보도사진전에서 금상을 받았다. 귀신도 잡는다는 해병대 정신으로 무장한 그는 조선일보사를 퇴사하고 코리아헤럴드에서 사진부장과 사업국장을 지냈으며, 광고회사 사장으로도 능력을 펼쳤다.

전창우(全昌禹, 1940-)

국학대 정치외교학과 졸업
코리아 리퍼블릭 사진기자
한국일보 편집국 사진부 기자
조선일보 편집국 사진부 기자
코리아헤럴드 사업국장 직무대리
광고회사 오경 사장

이후락과 김일성이 악수하는 모습을 찍은 이 사진은 남북간 최초의 전송사진이 되었다.
이상인 전송사진, 평양, 1970. 11.

최초의 평양발 전송사진

남북이 22년 만에 악수하는 이 사진은 그 자체로 매우 충격적이었다. 그때까지 우리가 교육받고 있었던 북한의 이미지는 증오의 대상이었지 우정의 대상이 아니었기 때문이다. 북한에 대한 사소한 호의라도 보안법으로 체포되는 상황에서 남한의 정보책임자가 공분의 대상인 김일성과 악수를 하다니 도저히 믿겨지지 않는 장면이었다.

동양통신의 사진기자 이상인은 1970년 11월 1일, 남한 사진기자로서는 처음으로 이후락의 수행원 25명과 함께 2박 3일간의 일정으로 북한에 들어갔다. 그 후 그는 한국전쟁 이후 처음으로 평양에서 서울로 전송사진을 보낸 주인공이 되었다.

남과 북이 악수하는 이 사진은 당시 이상인이 이후락을 수행해 평양으로 들어갔기 때문에 당연히 이상인이 촬영한 것으로 여겨졌었다. 그러나 사실은 북한 로동신문에서 촬영한 사진을 이상인이 전달받아 서울로 전송한 것이었다. 비록 촬영은 못했지만 평양에서 서울로 전송한 최초의 사진이라는 데 의미가 있다.

지금이야 북한에 들어가 촬영하는 일이 흔하지만 당시만 해도 어려웠다. 북한에 들어간 최초의 사진기자였으므로 그는 김일성을 최초로 촬영하고 최초로 사진을 전송할 일로 잠도 못 잘 정도로 흥분했다. 그런데 막상 이상인이 평양에 들어가니 사태가 전혀 엉뚱하게 돌아가기 시작했다. 북한 측은 이상인에게 염려 말고 기다리라는 말만 계속하면서 쓸데없이 로동신문사 견학을 시키고, 따분한 기념촬영만 해 대는 등 정작 중요한 김일성과 이후락의 사진촬영은 차일피일 미루었다. 그들은 현재 김일성과 이후락이 회담을 진행 중이니 회담이 끝나는 대로 바로 연락해 주겠다고 늑장을 부렸다.

결국 이상인이 북측 당국자에게 "서울 사람들에게 뭔가 보여줄 사진이 있어야 할 것 아닌가?" 하며 졸라 대자 몇 시간 후 회담이 끝났다고 하면서 두 사람이 악수하는 사진과 기념사진 등 로동신문이 찍은 석 장의 사진을 들고 왔다. 이상인으로서는 어처구니가 없었다. 직접 현장을 촬영해 전송하려고 막대한 장비를 구입하고 전송하는 것까지 연습하고 왔는데, 맥이 죽 빠졌다. 그러나 그 사진이라도 전송할 수밖에 없었다.

그 사진은 즉각 국내의 전국 일간지와 텔레비전을 도배했고, 최초의 평양발 전송사진이 되었다. 당시의 정황을 알 수 없는 독자들로서는 그 사진을 한국에서 특파한 사진기자가 촬영한 것이라고 믿을 수밖에 없었다.

동양통신이 평양으로 가게 된 것은 우연이었다. 당시 중앙정보부는 동양통신과 합동통신 양 사의 편집국장을 불러 두 통신사 가운데 어느 회사가 평양에 갈 것인지를 의논하게 만들었다. 그들 가운데 한 곳은 양보를 해야 했다. 동양통신 이지웅 편집국장은 합동통신 정용현 편집국장에게 "우리가 가진 사진 설비가 당신네 것보다 좀더 낫다고 해서 하는 말이 아니라, 이번에는 우리가 갈 테니 다음번에는 당신들이 가라"라고 제의해 성사된 일이었다.

당시 동양통신이 사용한 사진전송기는 UPI가 개발한 16-S D/F라는 휴대용 사진전송기였다.

이상인(李相仁, 1938-)

서울 출생
양정고등학교 졸업
코리아헤럴드 사진부 기자
한국일보 편집국 사진부 기자
동양통신 사진부장
쌍용그룹 홍보실

터널 안에서 포즈를 취한 모델 루비나.
김인태, 1970. 8.

터널 속의 패션 모델

한여름 중복도 지난 1970년 어느 날, 『현대여성』지의 사진기자였던 김인태는 모델 촬영을 하고 있었다. 속옷이 피부에 달라붙어 젖을 정도로 푹푹 찌는 날씨였다. 이런 무더위 속에 항상 남보다 특별하고 놀랄 만한 이미지를 찾았던 김인태의 무모한 열정이 예상치 못한 위기를 불러왔다.

당시 씩씩하고 야성적인 모델이었던 루비나는 김인태와 손발이 잘 맞아 어떤 사진이든지 협조적이어서 언제나 유쾌하게 촬영이 진행되었다. 그날도 다른 사진가들은 생각지도 못할 특별한 패션 사진을 찾기 위해 교외선을 타고 경기도 고양으로 갔다. 김인태는 그곳에서 기찻길 옆 터널을 발견하고, 약간 위험하긴 했지만 터널 안에서 촬영을 진행하기로 했다.

터널 20여 미터 지점의 선로에 루비나를 세우니 강렬하고 심플한 의상과 잘 어울렸다. 둥근 터널을 배경으로 들어오는 빛은 완전한 역광으로, 모델의 실루엣을 돋보이게 했고 스트로보 조명을 반사조명으로 사용해 의상 디자인도 살렸다. 그런데 김인태가 수십 장의 사진을 찍는 중에 갑자기 뒤에서 기차의 기적 소리가 나는 것이 아닌가.

사진가도 소스라치게 놀랬지만, 루비나는 기겁을 하면서 발을 동동 굴렀다. 하지만 죽음을 마냥 기다릴 수만은 없었다. 김인태는 맥이 풀려 체념한 듯 주저앉은 모델을 일으켜 세워 안고 후다닥 뛰기 시작했다. 오로지 살아야겠다는 일념으로 터널을 빠져나와 기진맥진해져 옆으로 돌아서는 순간, 기차가 쌩 하고 지나갔다.

이 사진은 그런 천신만고 끝에 찍은 것이다. 인생은 그렇게 한치 앞을 내다볼 수 없는 것이다. 특별한 사진을 찍으려다가 하마터면 황천행이 될 뻔한 사건이었다. 그 자리를 신속하게 피하지 않으면 모델과 함께 비명횡사할 수 있었다.

그들은 식은땀이 나서 근처 작은 구멍가게에 들어가 목이라도 축여야 했다. 마침 막걸리가 있어서 모델과 함께 한 사발을 들이키니 놀란 가슴이 약간 진정되었다. 숲에서는 매미가 울어 대고 있었다. 그들은 봉일천 호수 뒤편 죽은 느티나무 아래에서 촬영을 다시 한 번 했고, 오이와 토마토와 가지를 따먹으며 서울로 돌아왔다.

김인태는 현재 미국으로 이민을 가서 요세미티 국립공원 등을 돌며 신이 만든 자연을 찍고 있다. 그의 작품은 로스앤젤레스 카운티 미술관과 캘리포니아 컬러하우스, 서울시립미술관, 한미사진미술관 등에 소장되어 있다.

그는 2006년에 서울 인사동의 토포하우스에서 흑백사진 개인전 《금강산》을 열었으며, 그 후로도 자주 고국을 찾아 한국의 풍경을 찍고 있다.

김인태(金寅泰, 1947-)

경기도 문산 출생
서라벌예술대 사진과 졸업
광명인쇄공사 기획부
주부생활 사진부 기자
미국 도미
현재 로스앤젤레스 맨스필드 거주

남영호 침몰 후 바다에서 나무상자에 몸을 맡긴 채 극적으로 살아남은 강태수 선장.
김정찬, 1970. 12. 17.

표류하는 선장

부산과 제주 간 정기여객선 남영호가 1970년 12월 16일 새벽 3시에 침몰되어 승객 310여 명이 실종되고 겨우 12명만이 구조되었다는 사고 소식이 전해졌다. 중앙일보 김정찬 사진기자는 이튿날 사고 후 12시간이 지난 뒤 중앙일보 비행기를 타고 비극의 현장을 수색하기 시작했다.

김정찬은 부산 수영비행장을 향해 가는 도중 우연히 경찰 무전기를 통해 "사고 지점은 300도 동북방 20마일"이라는 소리를 들었다. 그는 수영비행장에서 비행기에 급유하는 틈을 타 치안본부 고위간부로 위장해 '300도'가 무엇인지 물어보았다. 확인을 해 보니 '300'도는 '3백 도'가 아니고 '여수반도에 있는 섬 상백도'라는 것을 알게 되었다. 그는 즉시 타사의 기자들이 모르게 비행기 기수를 상백도로 향하게 했다.

20여 분간 상백도 상공을 순회했지만 아무것도 보이지 않았다. 10여 년간 사진기자 생활을 했지만 바다 위에서 표류하는 여객선의 잔해를 찾는 것은 처음이었다. 하지만 특종을 위해 정신을 바짝 차렸다. 비행기 고도를 더욱 낮추고 바다 위를 선회하다가 조종사도 발견하지 못한 물체가 김정찬의 눈에 감지되었다. 그는 내심 반가워하며, "아직 우리도 못 찾고 있는데 혹시 뭔가를 발견했느냐?"라는 동아일보 비행기의 교신이 들려오는 무전기를 슬며시 꺼 버렸다. 그리고 바다에서 번쩍거리는 물체를 니콘 F 카메라 200밀리 망원렌즈, 1000분의 1초로 찍기 시작했다. 상백도로부터 28마일 지점이었다.

그 물체는 바로 어떤 남자가 나무상자에 엎드려 극적으로 헤엄을 치고 있는 모습이었다. 그 뒤로 빨간 팬티에 흰 스웨터를 입은 여자 시신이 떠내려가는 것도 찍었다. 12명의 생존자들은 추운 바다에서 3시간 내지 15시간 이상 표류하다 한국 선박과 일본 순시선에 의해 구조되었다. 김정찬이 망망대해에서 나뭇조각에 매달려 표류하고 있는 사람을 극적으로 촬영한 사진의 주인공은 바로 남영호의 선장 강태수(53)였다.

남영호 침몰 참사의 직접적인 원인은 정원초과와 적정 적재량의 세 배나 초과한 화물 등이었다. 이 때문에 서귀포를 출발할 때부터 선체가 약간 기울었고, 임검과 순경이 화물 초과적재로 출항을 제지했으나 남영호는 출항을 강행했다. 남영호가 상백도 부근까지 왔을 때는 이미 배가 기울면서 전기가 나가고 침몰이 시작되어 배 안은 아수라장이 되었다. 결국 안전불감증으로 인해 대부분의 승객들은 참사를 겪어야 했다.

탈출한 생존자들도 나뭇조각에 몸을 맡기고 시커먼 기름투성이가 되어 표류했다. 남영호에 탄 승객들은 대부분 부산으로 귤과 해산물을 팔러 가거나 연말연시 크리스마스를 맞아 포목, 의류, 생필품 등을 구입하려 나가는 승객들이 많았다고 한다.

항공촬영으로 찍은, 기적에 가까운 표류하는 선장의 사진은 중앙일보 특종상(1970)을 받았고, 이어서 보도사진전 금상(1971), 한국기자상(1971)을 동시에 휩쓸었다.

김정찬과 함께 근무했던 송영학(전 중앙일보 사진부장)은 "김정찬 선배는 취재감각이 탁월했으며 책임감이 강했고 후배들을 따뜻하게 대해 준 선배였다"라고 회고했다. 그는 〈표류하는 선장〉을 특종하고 3년 후 미국으로 이민을 가 현재는 뉴욕에서 사업을 하고 있다.

김정찬(金貞燦, 1937-)

서울 출생
장로교신학대 신학과 졸업
조선일보 편집국 사진부 기자
경향신문 편집국 사진부 기자
중앙일보 편집국 사진부 기자

국회의원 선거 유세장에서 한 어린이가 어른들 틈에 끼어 막걸리를 들이키고 있다.
권정호, 1971. 5. 12.

'나도 한 잔'

사진 속 한 꼬마가 어른들 틈바구니에서 막걸리 한 사발을 기울이고 있는 모습은 그냥 보고 웃어넘기기에는 다소 어처구니가 없는 장면이다. 이 사진은 당시의 타락한 선거문화를 보여준다. 정치인들이 입으로는 공명선거를 부르짖으면서도 실제로는 술판을 벌여 놓고 정치판을 흐려 놓고 있던 것을 증명하는 사진이다.

이 사진은 당시 대구 매일신문의 권정호 사진기자가 1971년 5월 12일 경북 청도에서 김종필 공화당 총재의 지원을 받는 박숙현 국회의원 후보의 유세 현장을 찍은 것이다. 박숙현 후보 측은 읍내 중앙극장 앞에 목판을 깔고 술독을 차려 주민들이 줄지어 퍼 먹게 했다. 이 사진은 5월 14일자 대구 매일신문 1면 톱을 장식했다.

이날 박 후보 측은 중앙극장과 청도극장을 전세 내고 유세장에 나온 4천여 청중에게 무료로 영화를 관람시키는 한편, 청도읍에서 120리 떨어진 운문면과 100리 떨어진 풍각, 각북 등지에서 촌로들이 몰려올 것을 염두에 두고, 빵 1천 개와 막걸리를 준비했다. 박 후보 측은 예상보다 많은 청중이 몰리면서 빵이 모자라자 어쩔 수 없이 막걸리판을 벌였다고 해명했다. 당시 선거운동원들은 어린 꼬마까지 막걸리를 마시게 한 자신들의 행위에도 불구하고, 술독을 정리하면서 태연하게 "세상이 다 그런 것 아닙니까"라는 말을 해 대며 술로 질펀해진 선거 타락을 부끄러워하지 않았다. 그때는 선거 때만 되면 당연한 듯 어디에서나 막걸리 잔치가 벌어졌다. 오늘날의 선거판은 갈비집으로 옮겨왔지만, 그 당시엔 막걸리 행렬이었다. 선거를 돈의 대결로만 생각하던 정치인들에게도 문제가 있었지만, 흥청망청 돈을 뿌리고 다니는 후보의 뒤꽁무니만 쫓아다니는 국민들의 의식도 문제였다. 그때 어른들 틈에서 막걸리를 마셨던 아이는 아마 지금 어른이 되어 있을 것이다.

예나 지금이나 공명선거를 기대하는 국민들의 한결같은 열망에도 불구하고, 선거풍토는 별로 달라진 것이 없다. 공정선거라는 것은 항상 말뿐이고, 타락의 양상도 한두 가지가 아니다. 신문에 보도되고 선관위가 고발하는 사례는 빙산의 일각일 뿐, 표면적으로는 조용하게 정상적으로 돌아가는 것처럼 보이지만 한 꺼풀 벗기고 나면 꼴사납고 한심한 작태들이 속출한다. 이런 것을 보면 법을 어긴 사람들에 대한 공권력의 엄정한 법 적용이 제대로 이뤄지지 않고 있다는 것을 느끼게 된다.

이 사진은 1971년 제9회 한국보도사진전에서 〈나도 한 잔〉이라는 제목으로 동상을 받았다. 권정호는 상복이 많아서 1982년, 경산 열차사고로 피투성이가 된 채 서로 껴안고 울부짖는 모자를 찍은 사진으로 그해 보도사진전에서 금상을 받기도 했다.

권정호(權正浩, 1939-)

경북 문경 출생
서울 서라벌고등학교 졸업
대구 매일신문사 사진부 기자
대구 매일신문사 사진부장
대구 매일신문사 출판국 홍보부장
현재 삼한 CI 홍보위원

대형 화재가 난 대연각호텔에서 구조를 기다리던 투숙객들이 매트리스를 안고 투신하고 있다.
김동준, 1971. 12. 25.

지옥에서의 탈출

대연각호텔은 1970년대 당시 서울의 최고급 호텔로 손꼽힐 정도로 유명했다. 1971년 12월 25일 오전 9시 50분경, 1층 커피숍에서 프로판 가스통이 폭발하면서 삽시간에 불길이 21층 건물 전체로 번지는 최악의 화재가 발생했다.

엎친 데 덮친 격으로 바람마저 거세게 불어 국내 소방차로는 엄두가 나지 않아 미군 소방차까지 동원되어 진화에 나섰지만, 건물이 거대한 용광로처럼 되어 속수무책이었다. 미군 헬리콥터 8대, 소방차가 40대, 소방대원이 528명이나 동원되었는데도 불길이 계속 번지는 바람에 건물 내에서 질식해서 죽는 사람이 수두룩했고, 뜨거운 불길을 피해 건물 곳곳의 창문에 매달려 있다가 뛰어내려 사망한 사람들도 많았다. 남성 96명, 여성 67명으로 전체 사망자가 163명, 뛰어내리다 죽은 사망자가 38명, 헬리콥터로 구조되던 중 떨어져 죽은 사람도 2명이었다. 사망한 사람들 중에는 일본인 10명과 중국인 3명도 있었다. 당시 서울신문 사진기자였던 김동준은 당시를 다음과 같이 회상했다.

"현장에 도착하니 어디서부터 카메라를 갖다대야 할지 모를 정도로 정신이 없었다. 이때 건물 11층과 12층 창문에 있던 청년 두 사람이 보였고, 곧 매트리스를 안고 뛰어내릴 것 같은 예감이 들었다. 니콘 카메라와 105밀리 렌즈를 들고 초점을 맞추는 순간, 먼저 12층의 남자가 뛰어내렸다. 정신없이 셔터를 누르고 약 5분 뒤에 11층의 남자도 매트리스를 안고 뛰어내리는 장면을 찍었다. 1판 마감시간 때문에 운전기사 편에 매트리스로 탈출하는 필름을 보냈다. 당시 동료 사진기자들 여럿이 함께 사진을 찍어 특별히 내 사진이 월등하리라 생각도 못했는데 신문을 보니 서로 앵글도 틀리고 제각각이었다. 사건을 말해 줄 수 있는 카메라 앵글과 렌즈, 그리고 위치의 선택이 중요했다. 현장의 사진기자가 여러 장면을 촬영해도 데스크가 그날 사건의 대표적인 사진을 잘 선택하는 것도 매우 중요하다고 생각했다"

이날 매트리스로 탈출했던 남자들은 모두 사망하고 말았다.

이 사진은 인간의 부주의로 일어나는 참혹한 건물 화재가 얼마나 비극적인지를 단적으로 설명해 주는 사진이 되었다. 충격적인 지옥 탈출을 연상시키는 매트리스 사진은 1972년 네덜란드 암스테르담 세계보도사진전에서 2위로 입상했으며, 같은 해 보도사진전에서도 대상을 받았다. 그러나 상복(賞福)은 하늘이 도와야 했다. 뒷이야기지만 김동준과 함께 근무한 동료 사진기자 이영우(미국 이민)도 똑같은 앵글로 촬영했지만 데스크가 김동준의 사진을 선택하면서 상복이 김동준에게만 터지고 말았다.

대연각호텔 화재는 무려 7시간 동안이나 진행되어 박정희 전 대통령이 직접 화재현장에 나와 김현옥 서울시장으로부터 상황설명을 들을 정도였다. 화재의 원인은 1층 프로판 가스통의 폭발이었으며, 건물 내에 화재시 자동적으로 진화할 수 있는 스프링클러 시설이 전혀 갖춰져 있지 않아 피해가 더욱 컸다. 이 사건을 계기로 한국의 모든 대형 건물에는 공사 시에 스프링클러 설비를 갖추는 것이 의무화되었다.

미국의 영화감독 어윈 앨런과 존 길러민의 〈타워링(The Towering Inferno, 1974)〉이 대연각호텔 화재에서 아이디어를 얻어 만든 영화라고 전해지고 있다. '크게 불이 날 집'이라는 뜻의 '대연각(大然閣)'이라는 호텔 이름은 이미 화재를 예고하고 있지는 않았을까.

김동준(金東俊, 1939-)

신아일보 편집국 사진부 기자
서울신문 편집국 사진부 기자
사진기자회 회장
서울신문 편집국 사진부장
서울신문 출판사진부 부국장

신민당 전당대회가 끝난 후 김대중 후보를 지지했던 당원들에게 쫓겨 도망가는 김영삼 의원.
윤명남, 1972. 7. 21.

도주하는 김영삼 의원

광화문 시민회관에서 신민당 전당대회가 1972년 7월 21일 오전에 열렸다. 서울주재 UPI 통신사의 윤명남 사진기자는 야당 전당대회라면 언제든 발생할 수 있는 시끄러운 문제에 대비해 가뿐히 뛸 수 있을 정도로 가벼운 카메라 렌즈를 간단히 준비했다. 각각 105밀리 망원렌즈와 28밀리 광각렌즈를 장착한 카메라 2대만 메고 현장에 도착했다.

당수 후보로는 김홍일, 김대중, 양일동이 출마했다. 그런데 3차에 걸친 투표 끝에 김홍일 후보가 444표로 370표를 얻은 김대중 후보를 누르고 당수로 뽑히면서 갑자기 전당대회 분위기가 싸늘해지기 시작했다. 김홍일 후보를 지지한 김영삼 의원 때문에 김대중 후보가 떨어졌다고 생각한 비주류 청년당원들이 흥분했기 때문이다. 아무래도 전당대회가 조용히 끝날 것 같지 않았다. 윤명남은 당장이라도 무슨 일이 일어날 것만 같은 조짐을 느끼고 대회가 끝나기 전 미리 바깥 동정을 살피기 위해 타사 기자들 모르게 밖으로 빠져 나왔다. 마침 날씨도 을씨년스럽게 비가 부슬부슬 내려 비옷으로 갈아입고 시민회관 정문 앞을 관찰하니, 예상대로 분위기가 험악했다. 흥분한 청년당원들이 이미 정문 앞 베란다에 걸린 김홍일 당수의 대형 초상화를 끌어내려 찢고 불태우고 있었던 것이다. 윤명남은 이를 촬영하고 청년당원들이 김영삼 의원을 기다리는 모습을 주시하고 있었다.

군중심리는 무서웠다. 국회의원이었던 어떤 정치인은 비슷한 백발의 외모 때문에 김홍일 의원으로 오인받아 막대기로 머리를 얻어맞는 등 엉뚱한 사람이 봉변을 당하기도 했다. 그러다가 드디어 최형우와 박권흠 비서가 김 의원을 보호하면서 나오는 순간 청년당원들이 일제히 "김영삼을 죽여라!"라고 고함을 지르면서 몽둥이를 휘두르기 시작했다. 이 난동으로 김 의원을 수행하던 박 비서의 머리가 깨지고 최형우는 엄지손가락이 찢어지는 상처를 입자 김 의원은 혼자 도주하기 시작했다.

청년당원들과 윤명남도 김 의원을 쫓아 함께 뛰었다. 봉변당하지 않기 위해 다리도 안 보이게 정신없이 달려가는 김 의원을 잡기란 쉬운 일이 아니었다. 청년당원들이 들고 있던 우산을 휘두르며 결사적으로 뒤쫓자 김 의원은 죽어라고 도망쳤다. 김 의원은 주차장을 벗어나 바로 중앙차도를 질주해 달렸다. 광화문 상공부 빌딩 방향의 중앙분리대 화단에 올라서는 순간, 하마터면 잡힐 뻔하기도 했다. 바로 그때, 윤명남은 김 의원의 뒤를 쫓던 청년의 손이 김 의원의 양복 상의 뒷덜미를 잡는 순간을 놓치지 않고 카메라 셔터를 눌렀다. 김 의원의 양복 상의가 찢어질 듯 뒤로 잡아당겨지면서 몸의 균형이 잠시 휘청했지만 그는 용케 달아나 무교동 방향으로 사라졌다.

당시 이 사진이 몇몇 신문에 나가면서 기자들이 김영삼 의원의 위기를 벗어나는 순발력을 극구 칭찬하자 김 의원은 "평소에 축구를 해서 뛰는 것은 문제 없었다"라고 대답했다고 한다. 파란만장한 정치역정을 거치면서 김영삼 의원이 대통령이 되기까지 그가 겪어야 했던 고난이 얼마나 많았을까? 충분히 짐작이 되지만 청년 시절의 이 봉변만은 생각하고 싶지 않은지 그도 특히 이 사진을 싫어했다고 한다.

평소 윤명남은 "사진기자는 생각만 하고 있으면 아무 소용이 없으며, 무작정 부딪쳐 보는 이에게 특종이 돌아온다"라고 말하곤 했다. 그는 항상 자신이 찍은 사진이 신문 1면과 사회면까지 나갈 수 있는지를 생각하며, 마감시간을 지키기 위해서 노력했던 베테랑 사진기자였다.

윤명남(尹明男, 1942-)

서울 출생
코리아 헤럴드 사진부 기자
UPI통신 사진기자
동양통신 사진부 차장
연합통신 사진부 차장
세계일보 편집국 사진부장
연합통신 사건담당 부국장

불길이 치솟는 건물 외벽에 한 아이가 거꾸로 매달려 있다.
박태홍, 서울 시민회관, 1972. 12. 2.

기적의 소녀

지하 1층, 지상 10층에 달하는 규모를 자랑하던 서울 광화문의 시민회관은 공연장으로 유명했지만, 1972년 12월 2일, 전기 합선에 의해 일어난 화재로 51명이 죽고 76명이 부상을 당하는 대형 참사가 일어났다. 그 당시의 시민회관 자리에는 현재 세종문화회관이 들어서 있다. 사고 당시 시민회관에서는 문화방송 개국 11주년을 축하하기 위한 '10대가수전'이 개최 중이었다.

그날 한국일보 박태홍 사진기자는 야근 중이었다. 일간스포츠의 연예담당 기자가 "현재 시민회관에서 남진과 나훈아의 경쟁구도로 엄청난 관객이 몰려 취재하기가 불가능하므로, 현장중계 TV 공연 화면을 몇 장 찍어 달라"라고 부탁했지만, 박태홍은 취재하면 될 것을 TV 복사는 말이 안 된다고 생각해 카메라를 들고 시민회관으로 달려갔다.

그해 가수왕으로 뽑힌 남진이 무대에서 축하답례를 하는 모습을 찍고 카메라의 필름을 갈아 끼우려고 고개를 숙이는 순간, 갑자기 관객들이 천장을 올려다보며 "불이야, 불!" 하고 고함을 질렀다. 천장에 불길이 번지면서 객석 아래로 불꽃이 소나기처럼 쏟아지기 시작했다. 순식간에 현장은 아비규환이 되었다.

그는 독한 연기와 뜨거운 불길이 윙윙 피부에 달라붙는 뜨거움 속에서 카메라 가방만은 꽉 쥐고 바닥에 엎드려 4-5분 동안 출구를 찾다가 간신히 문을 발길로 찼는데 그 문이 꽝 열렸다. 그 문은 다행히 소강당으로 연결되는 통로였고, 그는 살아날 수 있었다. 불길에 뜨거워진 몸이 영하의 추운 겨울날 찬바람을 들이마시자 가슴이 뻥 뚫리는 것 같았다. "촬영하다가 하마터면 죽을 뻔 했는데 결국 살았구나" 하는 안도감이 들었다.

박태홍은 카메라에 우선 필름을 끼우고 백형인 사진부장에게 전화를 걸어 "저 살았습니다, 살았습니다!"라는 보고만 하고 다시 시민회관 입구 쪽으로 향했다. 이미 시민회관은 화염에 휩싸여 있었다. 3층 창틀을 올려다보니 6-7세쯤 되어 보이는 여자 아이가 떨어지다가 창틀에 매달렸는지 거꾸로 매달려 있는 모습이 보였다. 박태홍은 순간적으로 이 장면이 '시민회관 화재의 결정적인 순간'이 될 것임을 예감하고 셔터를 누르기 시작했다. 박태홍은 사진을 찍자마자 소방관들을 향해 "저 소녀를 구해야 한다!"라고 고함을 질렀다. 소방관이 다른 쪽에서 불을 끄다가 창틀에 매달린 소녀를 구하는 모습을 보면서 신문사로 뛰어 들어왔다.

당시 시국은 박정희 군사정부의 비상계엄 상태였다. 목숨을 걸고 찍은 충격적인 〈기적의 소녀〉 사진은 지면에 게재되지 못했고, 불길에 휩싸인 엉성한 시민회관 전경 사진만이 게재되었다. 그러나 감동적인 사진은 아무리 규제를 해도 사람들에게 알려지기 마련이다. 서울 AP의 김천길 사진기자가 시민회관 화재사건에 대한 결정적인 사진으로 한국일보 박태홍 기자의 〈기적의 소녀〉를 세계에 타전했다. 이 사진이 뉴욕타임스, 아사히 신문 등에 게재되면서 '기적의 소녀'는 세계에 알려졌다. 세계의 독자들은 소녀의 생사를 궁금해 하며 한국일보에 문의 전화를 걸어오기 시작했다.

박태홍은 병원을 돌아다니며 소녀를 찾았고 결국 고려병원에 입원해 있던 소녀를 발견하게 되었다. 소녀의 이름은 조수아(6)로 밝혀졌다. 소녀는 아버지와 함께 시민회관에 구경을 왔다가 화재가 나자 아버지가 소녀를 창틀에 끼워 놓고 먼저 탈출했다가 회전창문이 돌면서 거꾸로 매달리게 된 것이었다.

〈기적의 소녀〉 사진은 박태홍에게 보도사진전(1972)에서 한국기자상을 안겨 주었다. 이 사진은 이후에 세계보도사진전(1972)에서 2등상을 차지하기도 했다. "한 장의 사진은 역사이면서 글보다 파급력이 더 높다"라는 그의 사진철학이 빛을 발하는 순간이었다.

박태홍(朴泰弘, 1943-)

전남 광양 출생
한양대 졸업
한국일보 편집국 사진부 기자
한국일보 편집국 사진부장
한국일보 편집국 편집위원

극비리에 귀국하는 이후락 전 중앙정보부장.
양영훈, 김포공항, 1974. 2. 27.

극비 귀국하는 정보부장

이후락 중앙정보부장은 박정희 정권 시절 뉴스의 핵과 같은 인물이었다. 육군 소장으로 예편했다가 5·16쿠데타가 성공하면서 제갈공명처럼 공화당 정권의 책사로 활동하면서 유명해졌다. 박정희 대통령의 비서실장을 거쳐 주일대사, 중앙정보부장(1970-1973)을 지낼 때 비밀리에 평양을 방문해 김일성을 만났는가 하면, 일본에 체류 중인 김대중이 납치되는 사건의 배후에 서기도 했다. 그는 언제나 공작정치의 주인공이었다.

당시 중앙일보 사진기자였던 양영훈은 1974년 2월 27일 아침부터 만반의 태세를 갖추고 김포공항의 기자실에 있었다. 이후락이 72일 만에 비밀리에 귀국한다는 특급 정보를 입수했기 때문이었다. 그날은 양영훈이 김포공항을 출입한 지 겨우 8일째 되는 날이었다. 그는 타사에 정보가 새어 들어가지 않도록 "제주도로 봄 스케치하러 간다"라고 둘러대고, 귀국하는 승객들의 명단을 은밀히 확인하고 있었다. 이날 날씨는 장갑을 끼지 않으면 손이 시릴 정도로 추웠다. 이후락이 타고 들어오는 비행기는 CPA기편으로 되어 있었다. 하지만 일정이 바뀔 수도 있어, 양영훈은 귀빈실을 서너 차례 바쁘게 뛰어다니면서 승객 명단을 재차 확인했다. 눈치 빠른 타사 기자들에게 들킬까 봐 운전기사에게 모자를 빌려 눌러쓰고 다니기까지 했다.

드디어 오후 7시에 도착하는 마지막 비행기만이 남았다. 홍콩을 경유해서 김포공항에 도착하는 KAL기편이었다. 양영훈은 육감적으로 그 비행기에 틀림없이 이후락이 타고 있을 것이라는 것을 알았다.

어둠이 내린 공항 활주로에 KAL기가 막 도착했을 때, 양영훈은 재빨리 승객들이 내리는 트랩으로 다가가 대기했다. 그리고 카메라에 스트로보를 장착하고 전원을 켜 둔 채 주위를 살폈다. 검은 양복을 입은 젊은 정보부 직원들이 먼저 내렸고, 곧 VIP를 향해 그들의 시선이 모아지는 것이 보였다. 양영훈이 트랩 밑을 빠져나와 막 올려다보는 순간, 낯익은 얼굴이 보였다. 이후락이었다. 양영훈은 마치 컴컴한 어둠 속에 숨어 있다가 먹이를 겨냥해 돌진하는 독수리처럼, 트랩을 내려오는 이후락을 향해 스트로보 불빛을 번쩍 터뜨려 사진을 찍었다. 사진 속 이후락은 양영훈의 카메라를 주시하는 듯한 눈초리다.

스트로보의 불빛이 터지는 동시에 수행원들이 렌즈 앞을 막아섰다. 양영훈은 경비원이 카메라의 끈을 잡아채려 하는 바람에 두 번째 셔터는 누르지도 못하고 공항 반대편으로 무조건 뛰기 시작했다. 그 자리에 그대로 있었더라면 수행원들이 상투적으로 "왜 사진을 찍느냐, 필름을 내놔라"라고 시비가 붙을 것이 분명했기 때문이었다. 기관원 두 명이 고함을 지르며 따라붙었지만 다행히 잡히지 않았다. 사력을 다해 질주하는 사진기자를 누가 잡을 수 있을까. 그는 공항청사를 빠져나오자마자 모자를 벗고 옷을 고쳐 입은 뒤 택시를 타고 신문사로 들어갔다. 그리고 이튿날 중앙일보 제1면에는 '귀국하는 이후락'이라는 제목의 사진이 나갔다.

이후락은 중앙정보부장에서 밀려난 지 보름 뒤인 1973년 12월 19일 소리 소문도 없이 김포공항을 빠져나갔었다. 전 중앙정보부장 김형욱이 미국으로 망명해 나라가 시끄러웠던 판국에 이후락까지 해외로 잠적해 버린 것이다. 이후락의 행방은 신직수 후임 중앙정보부장도 모르고, 박정희 전 대통령도 모르는 일이었다. 당시 떠도는 소문에는 "이후락이 박종규 경호실장과 권력다툼을 벌이다가 총을 맞아 해외에서 치료를 받는 중"이라는 유언비어가 떠돌았을 정도로, 당시 그의 거취는 초미의 관심사였다.

양영훈(梁榮薰, 1943-2011)

제주도 출생
동국대 경영학과 졸업
육군통신학교 사진교관
한국일보 주간 사진부 기자
중앙일보 편집국 사진부 기자
중앙일보 편집국 사진부장
중앙경제신문 사진부장

광복절 경축행사에서 문세광이 쏜 총탄에 맞아 쓰러진 영부인 육영수 여사.
임희순, 1974. 8. 15.

육영수 여사 피살사건

1974년 8월 15일, 박정희 대통령은 광복절 경축행사가 열린 장충동 국립극장에서 연설문을 읽고 있었다. 평화통일의 기반을 조성하기 위해 공산권에 대한 문호개방과 남북한 동시 유엔 가입을 선언하고 불가침조약 등 남북 통일을 위한 3단계 기본원칙을 제의하는 내용이었다.

"나는 오늘 이 뜻깊은 자리를 빌려 조국통일은 반드시 평화적인 방법으로 이루어져야 한다는 것을…."

그때 갑자기 '탕!' 하는 총소리가 울렸다. 20대 중반의 한 남자가 연단으로 뛰어나오면서 총을 쏜 것이다. 첫 발은 오발되어 남자의 허벅지를 관통했고, 정면에서 박 대통령을 향해 쏜 두 번째 총탄은 대통령이 연설대 뒤로 몸을 숙이는 바람에 연설대를 맞추었다. 실로 긴박한 순간이었다. 그런데 (공식 발표에 따르면) 마지막 세 번째 총탄이 연설대 왼쪽에 앉아 있던 육영수 여사의 머리를 맞추었다. 단상 뒤쪽에 앉아 있다가 총소리가 나자 총을 뽑아 들고 나온 박종규 경호실장의 권총에서도 세 번째 총탄과 동시에 불이 뿜어졌지만, 그 총탄에 애꿎은 합창단석의 여학생이 맞아 숨졌다.

이 모든 상황은 단 3-4초 사이에 일어난 일이었다. 김정겸 비서실장이 뒤로 젖혀진 육 여사를 부축하기 위해 다가갔지만, 이미 생명이 위독한 상태였다.

당시 임희순 조선일보 사진기자는 긴급한 와중에도 이 순간을 사진으로 기록했다. 그가 셔터를 누르고 난 후 객석을 돌아보았지만, 남아 있는 사진기자는 아무도 없었다. 다른 기자들은 타성에 젖어 매해 되풀이되는 경축행사에서 무슨 사고가 일어나겠느냐며 행사 전경 사진과 연설하는 대통령의 모습만 찍은 채 철수해 버린 것이다. 하지만 임희순은 끝까지 긴장감을 가지고 현장을 지키곤 했고, 그런 습관 덕분에 엄청난 특종을 하게 되었다. 이날 누구도 경축행사장에서 총소리가 나리라고는 생각하지 못했다.

현장은 순식간에 아수라장으로 변했다. 임희순은 연단에서 경호실장 등이 권총을 빼어 드는 장면부터 2분 뒤, 박 대통령이 연설대 뒤에서 나와 침착한 어조로 "하던 이야기를 계속하겠습니다"라고 말하는 모습까지 촬영했다.

머리에 총상을 입은 육영수 여사는 끝내 이날 저녁 무렵에 사망했다. 범인 문세광은 재일교포 출신으로, 조총련을 통해 북한과 접촉, 박 대통령 암살지령을 받고 일본인 요시이라는 이름의 여권으로 입국했으며, 트랜지스터 라디오 속에 권총을 숨겨 들어왔다. 그는 넉 달 뒤 사형에 처해졌다.

이날 현장에서 박 대통령을 경호했던 박상범 경호원은 죽을 고비를 여러 번 넘긴 기적의 사나이다. 그는 고려대 법대를 졸업하고 해병대 대위로 예편한 뒤, 1970년 청와대 경호관으로 채용되었다. 1974년 국립극장에서 육영수 여사가 피살당하는 순간을 목격한 이후, 1979년 10월 26일에는 박 대통령이 궁정동 안가에서 김재규 중앙정보부장에게 살해당하는 현장에도 있었다. 그는 중앙정보부원의 총에 무려 네 발을 맞았지만 기적적으로 살아났다. 한 발은 오른쪽 척추 옆을 통과했고, 다른 한 발은 벨트에 맞아 튕겨져 나가고, 나머지 두 발은 아슬아슬하게 급소를 피해 뚫고 지나갔다. 그는 1983년 정부 각료 17명과 사진기자 1명, 경호원 2명이 사망한 아웅산 테러에서도 기적적으로 살아남았다.

임희순(任熙淳, 1939–)

서울 출생
건국대 정치외교학과 졸업
조선일보 편집국 사진부 기자
포항제철 홍보실
AFP통신사 서울 주재 특파원
한겨레신문 사진부장
현재 미국 체류

남북정전위가 열리는 판문점에서 한 북한군 경비병이 쓰러진 미군 장교 핸더슨 소령을 구타하고 있다.
이창성, 1975. 6. 30.

북한군 경비병의 난동

중앙일보 이창성 사진기자는 항상 취재 현장에서 카메라를 목에 걸고 있는 습관이 있었다. 언제 어떤 상황이 벌어질지 모르기 때문이다. 1975년 6월 30일, 판문점에서는 남북 간에 설전만 이어질 뿐 뚜렷한 결과가 나오지 않는 지루한 회담이 시작되고 있었다. 이창성은 본회담이 열릴 때, 남북한 군인들의 모습을 찍고 회담장 창가 옆 벤치에 앉아 있었다.

이때 평소 낯이 익은 한철이라는 북한 기자가 다가오면서 "창성이, 오랜만이야" 하며 악수를 청했다. 둘은 미군 장교가 앉아 있는 벤치에 나란히 앉았다.

북한 기자들은 이날 계획적인 행동이었는지는 몰라도 UN측 부사령관인 미군 장교 핸더슨 소령을 가리키면서 갑자기 "간나새끼들, 니네 나라로 빨리 가라우!"라고 하면서 험악한 분위기를 조성했다. 이때 자신에게 욕하는 것을 눈치 챈 핸더슨 소령이 벌떡 일어나 "갓뎀(빌어먹을 자식)!"이라고 고함을 지르자, "뭐냐, 이 새끼야!"하며 손가락질하는 북한 기자와 시비가 붙었다. 바로 옆에 서 있던 북한군 경비병이 순간적으로 끼어들면서 일이 커졌다. 북한군 경비병의 번개 같은 오른손 주먹에 핸더슨 소령이 나가 떨어진 것이다. 북한군 경비병은 쓰러진 핸더슨 소령의 가슴팍을 구둣발로 무자비하게 짓이겼고, 결국 소령이 실신하기까지 약 2-3초간의 짧은 장면이 영화처럼 전개됐다.

이 험악한 난투극으로 회담장은 순식간에 아수라장으로 변해 버렸다. 타사의 사진기자들은 난투극이 벌어지는 짧은 시간 동안 어어 하면서 모두 특종 사진을 놓쳤지만, 카메라를 목에 걸고 있었던 이창성은 유일하게 북한군 경비병의 잔인함에 몸서리가 쳐지는 이 장면을 사진으로 기록할 수 있었다.

판문점에서의 난투극 사건은 이날 중앙일보에 특종으로 보도되었고, 현장을 놓친 타사 사진기자들의 가슴을 아프게 만들었다. 이 사진은 국내는 물론 외신을 타고 전 세계의 유력지에도 게재되어 북한군의 호전성을 알리는 계기가 되었다.

특종은 언제나 예고 없이 찾아오는 것이다. "현장에서 설마 무슨 일이 있을라고" 하며 타성에 젖은 기자들은 현장을 놓치지만, 어떤 현장이든지 "혹시나 무슨 일이 일어날지도 모른다"라는 생각으로 항상 긴장하고 카메라를 손에서 놓지 않는 기자에게는 행운이 찾아 온다.

이창성의 판문점 특종 사진은 그해 조선일보 임희순 기자가 특종한 육영수 여사 피살 사진을 압도하고 올해의 기자상을 받을 정도로 그 파급력이 컸다.

이창성(李昌成, 1943-)

충남 공주 출생
단국대 정치외교학과 졸업
신아일보 편집국 사진부 기자
중앙일보 편집국 사진부 기자
중앙일보 편집국 사진부장
중앙일보 출판판매 국장
사진집 『28년 만의 약속』

서울대 유신반대 시위에서 한 남학생이 알몸 시위를 하고 있다.
김해운, 1975. 4.

알몸 시위

1975년 4월 3일 오후 3시경, 서울대 관악캠퍼스 교정에서 일어난 '박정희 정권 유신반대' 시위에서 돌연 이름과 소속을 알 수 없는 한 학생이 자신이 입고 있던 옷을 모두 벗어 던지는 알몸 시위가 벌어졌다.

시위를 벌인 학생의 알몸을 보기 민망했던 다른 학생들이 옷을 입기를 권유했고, 기동경찰과 학생들은 갑작스런 돌출행동에 잠시 아연실색했다. 알몸의 시위 학생은 곧 학생들의 권유로 옷을 입었지만, 데모에 직접 참여하지 않고 언덕 위에서 바라보고 있던 여학생들은 엷은 미소를 지으며 이 광경을 지켜보았다.

이 사진은 당시 한국일보 사진기자였던 김해운이 니콘 200밀리 망원렌즈로 촬영한 것이다. 이날은 박정희 정권이 비상계엄령을 선포하고, 국회 해산과 정치활동을 금지시키는 '10월 긴급조치'가 내려진 지 5개월이 지난 시점이었다. 신학기가 시작되었지만 학생들은 반정부 시위는 하지 말고 공부만 하라는 식의 강경한 긴급조치 4호가 발동한 날이기도 했다. 유신헌법을 비판하는 일체의 행위가 금지되었고, 만약 그런 행위가 발각될 경우 영장 없이도 바로 체포와 구금으로 이어지는 상황이었지만 학생들은 두려움을 몰랐다. 그러나 경찰의 폭력적인 투석과 페퍼포그(Pepper Fog, 지랄탄)의 공방전으로 일전일퇴하고 있었다.

이름 모르는 어느 학생의 알몸 시위를 모두가 어처구니없는 해프닝으로 치부했지만, 이 저주의 알몸 시위는 악몽과 같은 4월을 예고하고 있었다. 알몸 시위사건이 일어난 지 8일 후, 같은 서울대 학생이었던 김상진이 '유신헌법을 철폐하라'는 요구를 하며 할복 자살하는 사건이 발생한다. 당시 서울대 신입생이었던 박원진(후에 희망제작소 상임이사이자 변호사)은 이를 애석히 여겨 학교에서 '김상진 열사 추도식'을 기획했다가 감옥살이를 하기도 했다. 검찰이 박원진을 감옥에 집어넣는 과정에서도 학교 당국은 학생을 보호하기는커녕 제명을 시키고 말았다.

4월 30일에는 베트남 공화국이 115만 명의 병력과 1천8백 대의 공군기, 50억 달러에 달하는 공격 무기를 보유했음에도 불구하고 40만 명밖에 되지 않는 베트남독립동맹군에게 패망했다는 소식이 들려왔다.

미국의 카터 대통령은 한국의 박 대통령에게 철통 같은 국가안보도 중요하지만 민주화를 시행하도록 압력을 가했고, 이에 야당 총재인 김영삼도 더욱 강경한 자세를 취하기 시작했다. 그러나 박 대통령이 카터의 권고를 무시하고 오직 독재를 위한 야심으로 야당 총재까지 제명시키자 부산·마산 지역에서 대규모 학생시위가 쓰나미처럼 일어났다. 결국 1979년 10월 26일, 박 대통령이 김재규 중앙정보부장의 권총에 살해되면서 영원할 것 같았던 유신정권도 막을 내렸다.

대학가에서 일어난 최초의 스트리킹은 1974년 초, 미국 하버드의 한 학생이 시험공부 스트레스를 견디다 못해 알몸 시위를 한 사건을 계기로 지금도 하버드대에서는 학기말 시험 전날 밤 전교생들이 누드로 달리는 전통을 잇고 있다고 한다.

그러나 서울대생의 알몸 시위는 그냥 웃어넘길 일이 아니다. 그의 알몸 시위에는 점잖게 플래카드만 들고 서 있는 시위로는 어두운 사회현실을 고발할 수 없다는 울분을 온몸으로 전하려는 안타까움이 배어 있다.

김해운(金海雲, 1936-2000)

배재고등학교 졸업
평화신문사 편집국 사진부 기자
자유신문 편집국 사진부 기자
코리아헤럴드 사진부 기자
한국일보 사진부 차장
내외경제 사진부 국장
사진보도부문 한국기자상 수상

알래스카 매킨리 등반을 앞두고 촬영한 산악인 고상돈의 마지막 모습.
김운영, 1979. 5.

영원한 산악인 고상돈

고상돈(1948-1979) 하면, 1977년 9월 15일 한국인 최초로 세계의 지붕인 에베레스트의 8,884미터 정상에 오른 산악인으로 기억된다. 그가 올라선 에베레스트의 산봉우리는 세계에서 8번째로 높은 곳이었다.

고상돈의 마지막 모습은 1979년 알래스카 매킨리(6,194미터)를 오르기 전 당시 한국일보 사진부 차장이던 김운영이 촬영한 사진으로 남았다.

고상돈은 제주 출신으로, 청주상고를 졸업하고 청주연초제조창에 근무하면서 청주대학 경영학과 2년을 수료하며 에베레스트 정상을 오르는 등산가를 꿈꾸었다. 대한산악연맹 충북지부에서 산악활동을 하다가 자연스럽게 에베레스트 원정대 19명(대장 김영도)에 선발되어 1979년, 한국일보사가 주최하는 매킨리 원정에 합류하게 되었다. 그 매킨리 원정이 고상돈의 마지막 원정이 될 줄은 꿈에도 몰랐다. 그가 알래스카 매킨리를 가게 된 동기는 한국일보 LA지사가 미국 진출 10주년을 기념해 고상돈을 대장으로 6명(이일교·박훈규·김운영·김주영·헨리)의 원정대를 꾸리면서였다. 이때는 이미 고려대 산악부가 매킨리 등정을 위해 앵커리지에서 고상돈 대장 팀과 눈에 보이지 않는 선의의 경쟁을 하기 시작했을 때였다.

이때 필자도 고려대 매킨리 원정팀에 합류해 있었다. 그러나 불행하게, 고려대 팀이 웨스턴 립에 텐트를 치고 있었던 1979년 5월 29일 오후 2시경, 구조 헬기 3대가 알래스카 상공을 날면서 "긴급 구조 요망, 코리아 등반대 실족 사망"이라는 무전이 들려왔다. 고상돈 대장 사망의 비보였다.

고상돈 팀은 고려대 팀보다 3일 먼저 매킨리를 올랐다. 너무 서둘러 올라간 것이 화근이 된 것이 아니었나 싶을 정도로 속도가 빨랐다. 이들은 3일 만에 5,800미터 캠프 4 지점까지 올랐다가, 잠시 쉬고 4일 만에 다시 정상 공격을 앞두고 있었다. 이때 고상돈 대장은 한국일보 원정단의 김운영 단장에게 "형님, 날씨가 너무 좋아서 곧 다시 정상을 공격할 겁니다. 그동안 약간 무리는 했지만 컨디션이 아주 좋으니 안심하세요. 정상에서 다시 연락할게요"라고 말하고 다시 길을 떠났다. 그리고 4시간 뒤 다시 김운영에게 "드디어 3명이 매킨리 정상에 올랐습니다. 사진도 찍고 묵념도 올렸어요. 그런데 바람이 너무 세차게 붑니다"라는 연락이 왔다. 김운영은 축배를 들었다.

상쾌한 기분으로 잠시 취침한 뒤 오전 7시 15분경 김운영이 다시 무전기를 켜는 순간, 다급한 미국인의 목소리가 흘러나왔다. "사고가 났다. 구조본부에 급히 연락을 해 달라. 큰일났다." 이에 그가 "사고가 난 등반대가 어느 팀이냐?"라고 묻자, "코리아"라는 청천벽력 같은 대답이 돌아왔다. 그는 하늘이 무너진 듯 넋을 잃고 다리 힘이 쭉 빠진 채 하염없이 눈물을 흘렸다.

고상돈 대장은 정상을 밟고 웨스턴 립을 따라 박훈규 등과 함께 밧줄을 이용해 급히 비탈을 내려가던 중 6,041미터쯤 경사 65도의 가파른 빙벽에서 실족, 800여 미터 절벽 아래로 떨어졌다. 5천 미터 지점에서 후발대로 사고 소식을 들은 김운영은 사고 수습을 위해 무거운 공용장비와 남는 자일을 모두 버리고 미친 듯이 하산해 카힐트나 빙하에 도착했다. 그는 "고상돈의 얼굴을 보니 머리에 피가 약간 묻어 있을 뿐, 마치 잠자는 듯한 얼굴이었다. 에베레스트 정상에 오른 강인한 체력의 사나이가 아무 말 없으니 도무지 믿어지지 않아 대성통곡했다"라고 전했다. 고상돈 대장과 함께 올라갔다가 실종되었던 박훈규 대원은 20대 미국 여성 등반가들이 기적적으로 구조해 냈다.

김운영(金云瑩, 1927-)

경기 강화 출생
세계일보 편집국 사진부 기자
조선일보 편집국 사진부 기자
한국일보 편집국 사진부장
일간스포츠 사진부 국장
모터 매거진 상무

궁정동 중앙정보부 안가 현장검증에서 김재규가 박 대통령을 권총으로 쏘는 장면을 재현하고 있다.
최영호, 1979. 11. 7.

최후의 만찬

1979년 10월 26일, 충남 삽교천 방조제 준공식을 마치고 돌아온 박정희 대통령은 저녁 7시 40분경 궁정동 중앙정보부 안가의 연회에 참석했다가 비참한 최후를 맞이했다. 김재규 중앙정보부장이 돌연 오른쪽 허리춤에서 권총을 뽑아 대통령 비서실장이었던 김계원에게 "형님, 각하를 똑바로 모시십시오"라고 하고는 곧이어 박 대통령을 향해 "각하, 버러지 같은 놈을 데리고 정치를 하니 정치가 똑바로 되겠습니까, 이 죽일 놈!"이라고 외치며 차지철과 박 대통령을 쏘았다.

박 대통령이 살해된 지 12일 후, 김재규는 궁정동 현장검증에서 박 대통령의 가슴을 향해 총을 쏘는 장면을 다시 재현했다.

조선일보 사진기자였던 최영호는 당시를 이렇게 회상했다.

"보안사령부로부터 전국 신문사를 대표해 대통령 살해사건 현장검증 촬영을 의뢰받았다. 조간신문 대표로는 조선일보, 석간신문 대표로는 신아일보 사진기자 각 1명으로 결정되었고, 11월 7일 새벽 5시 30분까지 궁정동 파출소 앞으로 나오라는 통보였다. 너무 이른 새벽이라 잠도 제대로 못 자고 달려 나갔다. 안내를 받아 대통령이 살해된 방을 들어섰을 때 갑자기 온몸이 덜덜 떨렸다. … 포승된 채 현장으로 끌려온 김재규는 모든 것을 체념한 듯 범행 당시를 재현했다. 박 전 대통령을 향해 총을 발사하는 섬뜩한 장면을 재현하는 모습을 30밀리 렌즈를 단 니콘 F 카메라로 찍었다. 셔터를 누르는데 마치 내게 총을 겨누는 것 같아 심장이 떨렸다. 한 20분간 여기저기 움직이며 촬영했다. … 촬영을 마치고 흑백 필름 3통을 현상해 보안사령부로 넘겼는데, 보안사령부는 조선일보와 신아일보의 필름 중 모두 7장을 골라 전국 각 신문사에 배포했다. 그런데 사진 7장 중 6장이 모두 내 사진이었다. 편집국장은 현장검증 사진이 모두 조선일보 사진기자의 것이니 호외를 제작해 뿌리기로 결정했다. 이날 조선일보의 호외는 폭발적인 인기를 누렸다. 일부 신문 판매원 사이에서는 호외를 돈 주고 팔았다는 소문이 나돌 정도였다."

궁정동 사건은 평소 차지철의 독단적인 언행에 불만을 품은 김재규가 앙심을 품고 있다 터진 사건이었다. 김재규는 팔에 총을 맞은 차지철에게 치명상을 입히기 위해 다시 총을 발사했지만 불발되자 밖에 있던 박선호 중앙정보부 의전과장의 총을 빼앗아 다시 차지철의 배를 향해 총을 쏘았다.

심수봉과 신재순이 놀라 도망간 사이 김재규는 박 대통령의 사망을 확인하고 신발도 신지 못하고 현장을 빠져나왔다. 승용차를 타고 자신의 중앙정보부로 직행하지 않고 국방부로 향했다가 체포되었다.

김재규는 재판정에서 "야수의 심정으로 유신의 심장을 쐈다. 나는 이 땅의 자유민주주의를 위해 이와 같은 일을 저질렀다"라고 말했다. 그의 변호를 맡았던 강신옥 변호사는 "김재규는 자신에게 은총을 베푼 로마의 지배자 시저를 살해한 블루투스와 같았다"라고 말했다. 하지만 김재규는 재판에서 사형선고를 받았고, 이듬해 5월 24일 교수형으로 처형되어 현재 경기도 광주 오포면에 있는 삼성공원에 묻혔다.

박 대통령이 총에 맞아 숨을 거뒀을 때, 그의 시신을 본 국군서울병원 의사는 넥타이핀 도금이 벗겨지고 허리띠가 해져 있어 처음에는 대통령의 시신인 줄 몰랐다고 말했다.

최영호(崔永鎬, 1941-2005)

서울 출생
성균관대 국문학과 졸업
동화통신사 사진부 기자
조선일보 편집국 사진부 차장
조선일보 편집국 사진부장
스포츠조선 사진부 부국장
조선일보 판매국장

무장한 공수부대원들에 의해 연행되는 시민들.
신복진, 광주 금남로, 1980. 5.

피로 물든 금남로

신복진은 사진에 대해서는 동물적인 본능에 가까운 열정을 가진 사진기자였다. 1980년 5월 18일, 당시 그는 전남일보의 사진기자였다. 그는 전남 광주 도시 전체가 공수부대원들에 의해 살육의 아수라장이 되던 날, 오전 10시쯤, "광주 사람들이 군인들에 의해 모두 죽어 나간다"라는 친구의 다급한 전화를 받고 앞뒤 돌아보지도 않고 금남로 현장으로 달려갔다.

차량 통행이 끊긴 거리에는 시민들의 모습이 눈에 띄지 않았다. 사람들이 사라진 금남로에는 살기가 감돌았다. 그는 카메라를 들고 동구청 옥상으로 올라갔다. 수십 대의 군용 트럭이 바리케이드를 쳐 놓은 곳 옆에 착검한 공수부대원들이 상의가 벗겨지고 맨몸이 드러난 채 피를 흘리는 시민을 연행해 가는 장면이 보였다. 아스팔트 도로에는 머리가 닿을 정도로 꿇어 앉은 청년들이 짐짝처럼 겹겹이 포개져 공포에 떨고 있는 모습도 눈에 들어왔다. 신복진은 니콘 F에 180-200밀리 망원렌즈로 사진을 찍으면서 '들키는 날에는 내 목숨까지 위험하겠구나'는 생각을 했다. 그는 "군인들이 거리에서 부딪치는 시민들을 닥치는 대로 불러 세우고 곤봉으로 내려쳤다"라고 회상했다.

광주항쟁 당시에는 언론도 제 기능을 잃어버려 광주항쟁을 찍은 어떤 사진도 신문에 게재되지 못했다. 전남일보는 그 10일간(5.19-5.28) 신문 발행하지 못하는 상태여서 신문사는 텅 비어 버렸고, 기자들도 뿔뿔이 흩어져 연락이 두절된 상태였다. 하지만 신복진은 신문이 발행되지 않더라도 비극의 현장을 사진으로 기록해야 하는 사진기자의 본분을 다했다.

공수부대의 만행이 계속되자 울분을 참지 못한 시민들은 KBS, MBC, 광주세무서 등에 불을 지르며, 사실을 보도하지 못하는 언론을 규탄했다. 전남일보는 다행히 불이 나지는 않았지만 성난 시민들이 화염병을 들고 위협하곤 했다. 신복진은 집에도, 회사에도 들어가지 못한 채 거리를 방황하다가 밤늦게 집에 들어가 그동안 찍은 필름을 신문지에 싸서 가족 몰래 항아리 속에 넣어 두었다. 가장 믿을 만한 가족에게까지 말하지 못한 것은 시민들을 무참히 살육하는 군인들의 모습을 촬영한 그 필름을 누군가 강탈하기 위해 가족을 고문한다면 어쩔 수 없이 자백할 수밖에 없을 것이기 때문이었다. 필름을 빼앗기면 역사를 증언할 현장의 기록은 모두 물거품처럼 사라져 버린다.

항아리 속에 감춰 둔 필름은 강제로 전남일보와 전남매일신문이 통합되면서 해직되었다가 8년 후 전남일보가 다시 재창간되어 복귀하면서 세상 밖으로 나오게 되었다. 희생자 유족들은 신문에 게재된 광주항쟁 당시의 가족의 생생한 모습을 보며 그에게 고맙다는 인사를 전해 왔다. 격려의 전화도 끊이질 않았다.

사진기자가 되기 전부터 신복진은 종군사진가 로버트 카파를 좋아했다. 지방 신문사라도 만약 베트남에 특파해 줬다면 지원을 해서라도 달려갔을 그였다. 그는 좋은 사진을 찍기 위해서는 목숨까지 걸고 도전할 정도로 사진에 대한 열정이 대단한 사진기자였다.

사진기자 생활을 하면서 수많은 특종을 많이 했지만 사진기자 1년 만에 촬영한 〈무등산 압사사고〉(1965. 10. 5)는 대표적인 특종이었다. 전국체전 개막식을 앞두고 박정희 대통령이 참석한다고 새벽부터 수많은 인파가 경기장 정문으로 밀려들어오는 바람에 10여 명이 죽고 50여 명이 중경상을 입은 대형 사고였다.

그의 사진철학을 들어 보면 그가 어떤 사진가였는지 쉽게 알 수 있다. "사진기자는 아무리 위험한 상황이라도 현장의 중심에 있어야 한다. 생생한 사진은 현장에서 얻을 수 있다. 현장의 순간을 놓치면 아무것도 기록할 수 없다"

신복진(申福振, 1939-2010)

전남 광주 출생
전남대 경영대학원 졸업
광주일보사 편집국 사진부 기자
전남매일신문 사진부장
전남매일신문 편집국 사진부국장
사진집 『광주발 사진종합』
『광주는 말한다』

이혼 발표 3일 전 정릉 자택에서 다정하게 포즈를 취한 김지미·나훈아 부부.
오강석, 1982. 5. 1.

우리는 영원한 부부

1982년 5월 1일, 영화배우 김지미와 가수 나훈아가 정릉에 있는 김지미의 자택에서 다정한 모습으로 포즈를 취했다. 나훈아가 서재 피아노 앞에 앉아 건반을 두드리는 장면이나 정원에서 나훈아가 김지미의 어깨를 두른 모습은 여전히 그들을 금슬 좋은 부부처럼 보이게 했다.

그러나 동아일보 사진기자 오강석이 정릉에서 이들 부부의 사진을 찍었을 때는 이미 서로 헤어지기로 마음을 굳히고 있을 무렵이었다. 카메라 앞에서 감쪽같이 연극을 했던 이들은 불과 3일 후, 전격적인 이혼 발표를 한다. 사진을 찍었던 오강석으로서는 두 사람이 당시 너무나 다정해서 며칠 후 헤어지리라고는 전혀 예상할 수 없었다고 한다.

나훈아와 김지미는 5월 4일 오전 11시 20분, 서울 여의도 예일프로덕션에서 나란히 기자회견을 갖고, 지난 6년간 사실혼 관계에 있었지만 이제 서로 헤어지려 한다고 밝혔다. 이혼의 사유는 "불화설이 난 김에 헤어진다"는 것이었다.

동양적인 미모의 김지미는 김기영 감독의 영화 〈황혼열차〉(1957)로 단숨에 스타덤에 올라섰다. 그는 800여 편이나 되는 영화의 주연을 맡았으며, 청룡영화상과 대종상 등 20여 회에 달하는 각종 상을 휩쓸었다. 가수 나훈아와는 홍성기 감독과 배우 최무룡에 이어 세 번째로 결혼한 사이였다.

나훈아는 부산 서라벌예술고등학교에 다닐 무렵 작곡가 심형섭 씨와 오아시스 레코드사의 손진석 사장의 눈에 띄어 〈천리길〉이라는 노래로 무명생활 없이 일약 스타가 된 가수였다. 그는 남성적이고 호쾌한 성격으로 인기만큼이나 굴곡 많은 삶을 살았다. 1972년 가수 남진과 인기 경쟁을 할 당시에는 시민회관 무대에 올라선 괴한의 칼에 뺨이 베여 78바늘이나 꿰매는 중상을 입었다.

1976년에는 11살 연상의 영화배우 김지미와 혼인신고만 올리고 신접살림을 차리기도 했다. 이때 나훈아는 이미 1973년 배우 고은아의 사촌인 이숙희와 결혼한 상태였으나 공군에서 전역을 앞둔 시기에 김지미와 동거생활을 시작하면서 파경을 맞았다.

나훈아는 활동 기간 동안 〈물레방아 도는데〉〈머나먼 고향〉〈울긴 왜 울어〉〈고향역〉〈갈무리〉〈청춘을 돌려다오〉〈무시로〉 등 수많은 히트곡을 냈으며, 1967년부터 1972년 사이 매년 방송 3사의 10대 가수상을 휩쓸었다. 그러나 1983년 14세 연하의 신인가수 정해인과 결혼한 뒤, 1990년 이후부터 일체의 TV방송을 거부한 채 대형공연에만 매달리며 신비주의 행보를 걸었다. 그는 일반 식당이나 공공장소에도 나타나지 않다가 2007년 세종문화회관 공연을 돌연 취소하고 잠적하면서 괴소문에 시달리기 시작했다.

2008년, 그는 기자회견을 열어 바지를 벗어 내리려는 제스처를 취하는 등 사이비 언론들이 연예인들을 인격도 없는 인간 취급하는 것에 대해 일격을 가했다. 이후 그는 현재까지 일체의 공연도 하지 않고 은둔생활을 계속하고 있다.

오강석(吳岡錫, 1947-)

전북 고창 출생
전북대 국문학과 졸업
전북 고창여중 국어교사
동아일보 편집국 사진부 기자
동아일보 편집국 사진부장

미얀마 아웅산 묘소에서 테러가 일어나기 바로 직전 행사장에 도열해 있는 수행원 일행.
왼쪽부터 함병춘 대통령 비서실장, 이계철 주 미얀마 대사, 서상철 동자부장관, 김동휘 상공장관,
이범석 외무장관, 서석준 부총리.
최금영, 1983. 10. 9.

마지막 사진

1983년 10월 9일, 전두환 대통령이 아시아 6개국 순방을 목적으로 서석준 부총리 등 장·차관급 관료 17명을 수행하고 첫 방문국인 미얀마(당시 버마)를 찾았다. 그들은 첫 번째 공식행사인 아웅산 묘소를 참배하기 위해 준비 중이었고, 전두환 대통령 부부가 아웅산 묘소에 도착하기 전에 이계철 주 미얀마 대사가 먼저 도착해 도열한 장관들과 악수를 나눈 후 서상철 동자부장관과 이야기를 나누고 있었다.

이때 연합통신의 최금영 사진기자는 컬러 필름이 담긴 니콘 FE와 흑백 필름이 들어 있는 F3, 두 대의 카메라를 메고 묘소의 봉분 옆에 서 있었다. 그는 FE 카메라를 땅바닥에 내려놓고 취재기자들 앞에 서 있는 수행원들의 모습을 흑백 필름에 담고 있었다. 그가 막 셔터를 누르려던 바로 그때, 전두환 전 대통령이 아직 참석하지도 않았는데 진혼곡 나팔 소리가 짧게 울리더니 갑자기 "꽝!" 하는 소리와 함께 폭탄이 터졌다. 지붕이 내려앉고 흙먼지가 일어나면서 사방에 화약 냄새와 비명 소리가 퍼졌고, 행사장은 그야말로 아비규환이 되었다. 그는 순간적으로 자신의 뒤에 서 있던 이중현 동아일보 사진기자가 나무기둥의 서까래 아래 깔려 신음하는 모습을 발견하고 구출하려 발걸음을 옮겼지만, 한 발자국도 움직여지지 않았다. 그 자신도 온몸에서 피를 흘리고 있었던 것이다. 핏방울이 땀처럼 흘러내리는 것을 손으로 닦으려 했지만 손도 움직이지 않았다. 의식이 몽롱해지면서 그도 곧 쓰러졌다.

당시 참배 일정은 전두환 전 대통령이 10시 25분에 묘소에 도착해 곧바로 10시 30분에 헌화를 하면서 시작하기로 되어 있었다. 영빈관에서 묘소까지는 5분 거리였다. 하지만 미얀마의 라잉 외무부장관이 17분이나 늦게 영빈관에 도착하는 바람에 대통령 부부도 함께 늦게 출발하였다. 폭탄이 터진 시간은 10시 28분이었다. 그 사건으로 16명의 장·차관과 관계자들이 비명에 목숨을 잃었다.

최금영은 당시를 다음과 같이 기억했다.

"그날은 날씨가 너무나 쾌청한 일요일이었다. 숲 속에서 들려오는 아름다운 새소리를 들으며 상큼하게 숙소를 나섰는데, 몇 시간도 되지 않아 검은 죽음의 그림자가 아웅산 묘지에서 우리를 노리고 있었다니, 사람의 운명은 정말 알 수 없다. 나는 그날을 생각하면 지금도 피가 거꾸로 쏠리고, 두 다리가 떨린다. 정말 생각하기도 싫은 순간이었다."

연합통신은 흙먼지와 피로 범벅이 된 최금영의 카메라 두 대에서 필름을 꺼내 현상을 했다. 필름의 양쪽 가장자리가 광선을 받아 하얗게 노출되었지만 다행히 피사체를 확인할 수 있었다. 10월 14일, 연합통신은 이 사진을 전국 신문에 배포했고, 신문들은 일제히 이 사진을 게재했다.

보통 사진기자들은 본격적으로 행사가 시작되는 장면만을 찍으려고 한다. 대통령도 도착하기 전 장관들이 긴장을 풀고 묘소 앞에 서 있는 사진은 흔치 않은 사진이다. 만약 최금영이 식전 모습을 찍지 않은 채 본행사 사진만을 찍으려고 했다면 폭탄 소리와 함께 쓰러져서 사진 한 장 남기지 못했을 것이다.

최금영은 아웅산 사건으로 인해 오른쪽 귀의 청각을 잃었으며 병원에서 생명이 위독한 상태로 투병 생활만 10개월을 했다. 그리고 약 1년간 통원 치료 끝에 다시 일어섰다.

"사진기자는 부지런해야 한다. 그 다음은 정직, 그리고 겸손하라." 그가 후배들에게 전하는 말이다.

최금영(1936-)

전남 광주 출생
홍익대 서양화과 졸업
조선일보 편집국 사진부 기자
서울신문 편집국 사진부 기자
동아일보 편집국 사진부 기자
조선일보 편집국 사진부장
연합통신 사진부장

전두환 정권에 반대하는 서울대 집회에서 분신자살하는 이동수 군.
권주훈, 1986. 5. 20.

분신자살

1986년 5월 20일 오후 2시경, 서울대 아크로폴리스 광장에서 '광주항쟁의 민족사적 재조명'이라는 타이틀로 '5월제' 개막식이 거행되고 있었다. 그 자리에 참석한 누구도 대학생이 분신자살을 하리라고는 생각하지 못했다.

당시 문익환 목사의 연설을 방해하기 위해 학교 측에서 전원 스위치를 꺼 버리자, 문 목사가 학생들로부터 핸드 마이크를 넘겨받아 연설 중이었다. 한국일보 권주훈 사진기자는 학생회관 옥상에서 구호를 외치며 시위를 하고 있는 학생들을 주목하고 있었다. 거리는 정확하게 80미터 정도 되었다. "미제는 물러가라!" "경찰은 물러가라!" "전두환을 처단하라!"라는 구호가 들리는 쪽으로 니콘 FE2의 초점을 맞추고 있었다.

바로 그때 한 학생이 온몸에 불이 붙은 채 추락했다. 24살의 꽃다운 나이로 분신자살한 이동수 군이었다. 권주훈은 이 장면을 놓치지 않고 본능적으로 초점을 맞춰 1/500초의 셔터 속도로 포착했다. 학생이 추락하자 30여 명의 학생들이 옷을 벗어 불을 끄려 했지만 쉽게 꺼지지 않았다. 차량용 소형 소화기의 포말을 학생의 몸에 뿌려 간신히 불을 껐다. 하지만 학생회관 4층 옥상에서 2층 계단으로 추락하면서 생긴 상처와 온몸에 입은 화상으로 인해 이미 절명에 가까운 상태여서 한강성심병원으로 옮겨진 후 오후 4시쯤 사망하고 말았다. 그는 서울 출생으로 경기고등학교를 졸업하고, 숭실대에 입학했다가 다시 서울대 농대 원예학과에 갓 입학한 학생이었다. 병역을 마치고 학생운동을 하다가 결국 죽음을 맞이하게 된 것이다.

이 군의 책상 위에는 아침에 써 놓은 "민중은 말이 없고 우둔하지만 결코 죽지 않는다"라는 쪽지가 발견되었다. 이 군이 몸을 던져 분신자살하는 모습을 찍은 권주훈의 사진은 남북분단 이래 뿌리 깊은 군사문화, 정치적 빈곤, 형평을 잃은 부당한 공권력, 물질만능주의의 심각성 등이 얼마나 뿌리 깊게 만연해 있는지를 보여준다.

이 군의 분신자살 이후 대학가의 분신자살은 열병처럼 번져 나가기 시작했다. 학생·노동자 등 분신으로 사망한 사람이 49명(1992년 통계)이나 되었다. 그러나 서울대 교정에서 일어난 충격적인 분신자살은 국민들에게 반드시 알려야 할 사건이었지만 계엄령 하에서 용감하게 보도할 국내 언론사는 단 한 곳도 없었다. 이 사진도 외신에 먼저 보도되면서 점차 국내에도 알려지기 시작했다.

이 사진은 처음에 유럽의 신문과 미국의 『뉴스위크』, 일본의 『포커스』지 등에 게재되었고, 시간이 흐른 후에 한국일보의 사회면에 조그맣게 보도되었다. 4층 옥상에서 온몸에 불이 붙어 다이빙하듯 떨어지는 참혹한 이 이미지는 민주주의가 실종된 한국 사회를 반영하는 사진이었다.

한국일보는 이 사진을 찍은 권주훈에게 백상기자상 최고상을 수여했고, 이듬해인 1987년에는 보도사진전 금상도 받았다.

권주훈은 다른 사진기자들과 달리 특별한 찰나의 빛을 포착하는 동물적인 감각의 소유자이기도 했다. 노태우 대통령 시절, 전두환 전 대통령의 친동생 전경환(새마을운동본부장) 씨가 구속될 때 분노한 한 시민이 검찰청 앞에 기자들과 섞여 있다가 번개같이 그의 뺨을 때리는 장면을 유일하게 촬영한 사진기자이다.

권주훈(權周勳, 1943-)

충남 강경 출생
우석대 경제학과 졸업
경향신문 출판사진부 기자
한국일보 편집국 사진부 기자
한국일보 편집국 사진부장
동아일보 편집국 사진부 전문사진기자
뉴시스 사진부 기자

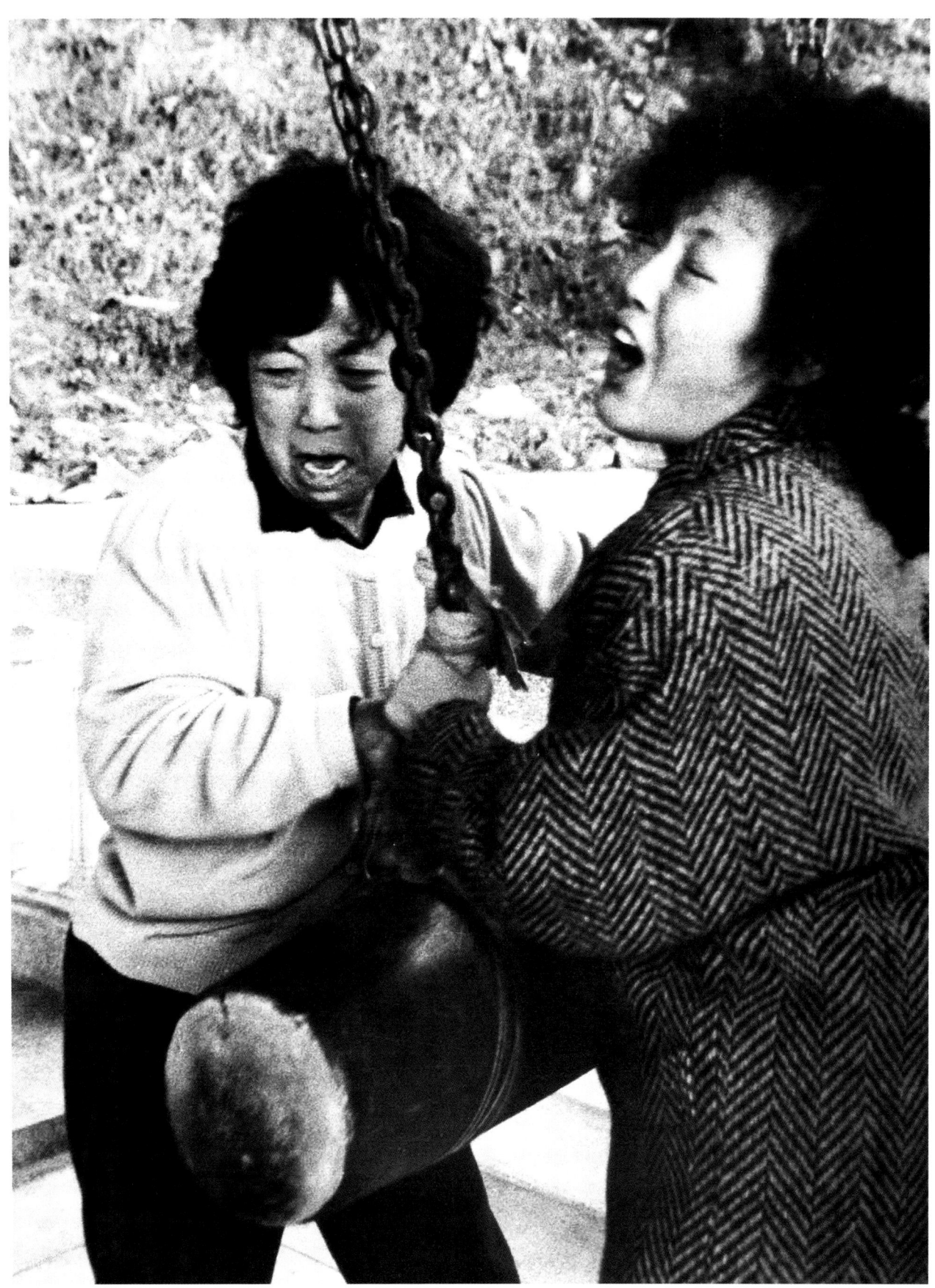

박종철 군 추모행사에서 타종하는 박종철 군의 어머니와 누나.
김정태, 부산, 1987. 2.

눈물의 타종

서울대 학생이었던 박종철 군 고문치사 사건은 전두환 정권 시절, 6월 민주항쟁으로 이어지게 되는 기폭제가 된 사건이었다. 1987년 2월 7일, 김정태 부산일보 사진기자가 박 군의 어머니 정차순 여사와 누나 박은숙 양이 부산시 사하구 괴정동 사리암(舍利庵)에서 종을 치는 사진을 찍은 것은 우연이 아니었다.

부산일보 사진기자였던 김정태는 박 군이 부산 출신이고 부모와 가족이 모두 부산에 있는데도 부산 지역의 언론들이 이상할 정도로 취재를 하지 못하는 것을 이상히 여기고 직접 박 군의 집을 찾아 나섰다. 박 군이 억울하게 죽임을 당하자 경찰이 언론을 막고, 가족들의 언론에 대한 불신도 커져 직접 취재에 나선 것이었다. 그가 박 군의 집인 부산 영도 청학동의 양수장 2층 집에 도착했을 때, 가족은 아무도 없고 정보 관계자들만이 기웃거리고 있었다. 하지만 포기할 수는 없었다. 그 역시 부산 지역에 뿌리를 둔 언론인이었고, 전국의 독자들이 관심을 두는 사안이어서 한번 끈질기게 취재를 해 보리라 다짐했다. 그는 가족들이 울적한 마음을 달래기 위해 자주 사리암이라는 절에 들른다는 말을 전해 듣고 절의 위치와 가족들의 얼굴을 미리 익혀 놓고 때를 기다렸다.

'눈물의 타종' 사진을 찍던 날은 김정태가 서울 명동성당에서 열리기로 했던 박종철 추모회에 갔다가 경찰의 끈질긴 회유로 추모식이 무산되어 다시 부산으로 내려온 직후였다. 김정태는 박종철의 어머니와 누나를 만나기 위해 부산역에서 기다리고 있었는데, 경찰도 함께 대기 중이었다. 경찰은 모녀가 도착하자 강제로 봉고차에 태워 일부러 시내를 빙빙 돌면서 부산일보 취재팀을 따돌리려고 했다. 하지만 모녀의 항의로 따돌리는 것을 포기하고 곧 사리암으로 향했다.

사리암에는 이미 각 방송, 통신사 기자들이 잔뜩 모여 있었다. 김정태는 단독취재는 어렵겠다고 생각하고 제(祭)를 올리는 모습 같은 일반적인 모습을 촬영하기 위해 기다렸다. 이날 오후 2시에는 박 군에 대한 애도의 표시로 전국의 차량과 배, 교회와 사찰에서 경적과 고동, 종 등을 일제히 울리기로 되어 있었다. 김정태가 "2시가 되었습니다"라고 말을 꺼내자 모녀는 벌떡 일어나 법당 문을 열고 밖으로 나갔다.

모녀는 종을 치며 독재정권의 고문에 목숨을 잃은 박종철 군의 이름을 부르며 울부짖었다. "종철아, 이 종소리를 듣고 깨어나라!" 김정태는 모녀가 타종하는 모습을 니콘 F3과 코닥 TRI-X 필름으로 촬영했다. 그는 셔터를 누르면서 너무나 처량하고 간절한 모녀의 모습에 눈물을 흘렸다.

김정태가 회사로 돌아와 타종하는 모녀의 사진원고를 넘겼지만, 지면에는 그림자도 보이지 않았다. 사진이 편집부에 넘겨지지 않고, 데스크 책상 서랍 안에서 잠자고 있었기 때문이었다. 그는 "어떻게 찍은 사진인데, 왜 지면에 실리지 못한단 말인가!" 하며 울적한 기분으로 모녀의 사진을 서울의 기자협회로 발송했고, 사진이 기자협회보에 크게 실린 뒤에야 부산일보 편집국이 발칵 뒤집혔다. 이 일로 김정태는 데스크와 함께 불려가 해명하고 경위서를 써야 했다. 하지만 격려해 주는 선배와 동료들도 있어 힘이 되었다. 이 사진은 이후 동아일보와 신동아 등에도 게재되었고, 1988년 보도사진전에서 금상을 받았다.

감동을 주는 사진은 아무리 막으려 해도 번지는 불길처럼 퍼져나갈 수밖에 없는 것인가 보다.

김정태(金正泰, 1953-)

부산 출생
부산 동아대 졸업
부산일보 편집국 사진부 기자
부산일보 편집국 사진부 차장

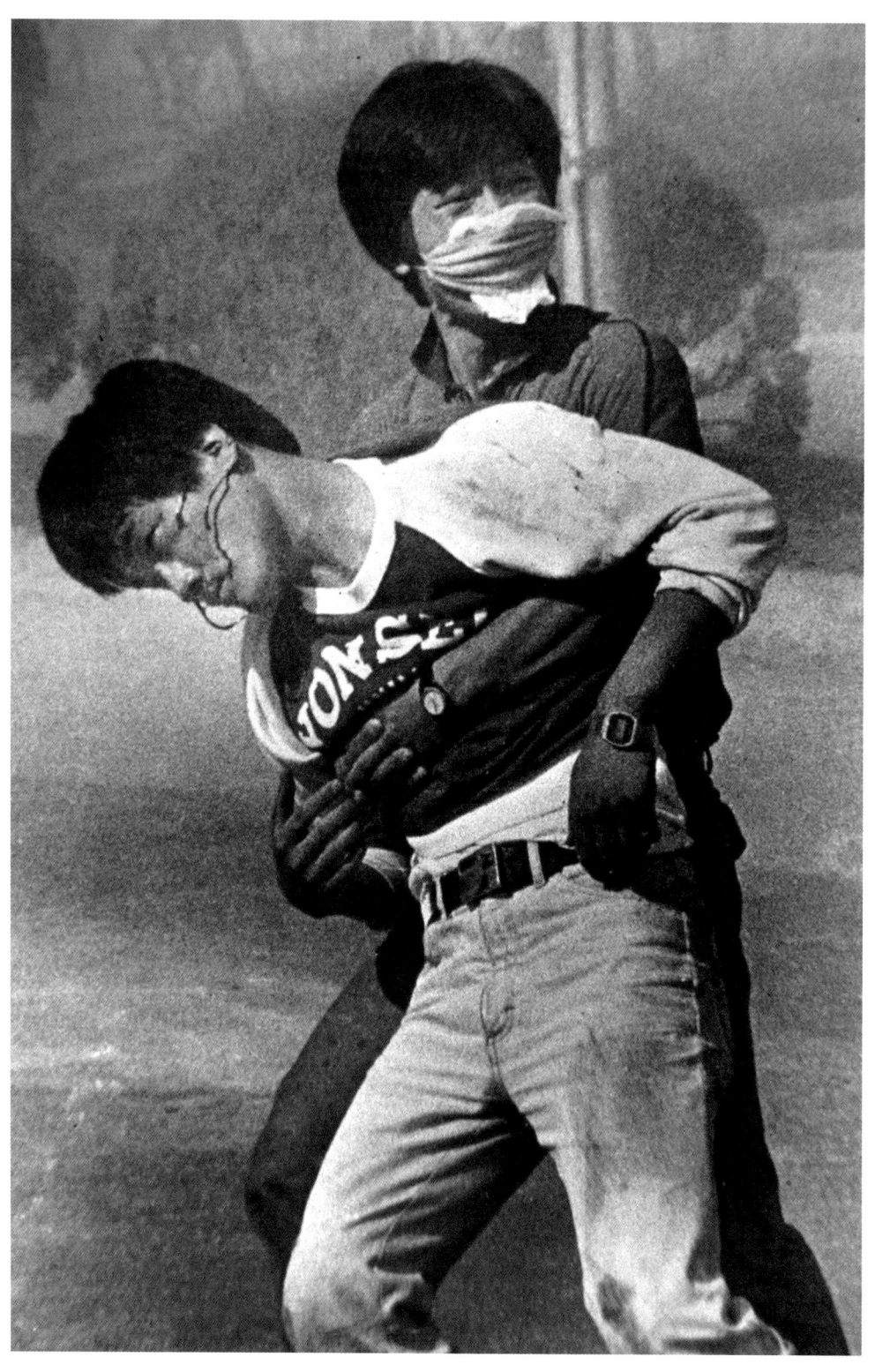

시위 중 최루탄에 맞아 피를 흘리는 연세대 학생 이한열 군.
정태원, 1987. 6. 9.

민주화의 상징이 된 사진

로이터통신의 정태원 사진기자는 1987년 6월 9일 고려대 앞에서 시위 사진을 찍고 있었다. 그때 연세대 앞에서도 시위가 벌어지고 있다는 전화를 받았다. 연세대 앞에서는 사진기자들이 '연세 비치'라 부르던 교문 앞의 철길 위에서 망원렌즈로 시위를 찍는 것이 다반사였지만 이날은 1천 명 규모의 작은 시위여서 교문 안으로 들어가게 되었다. 바로 그때 정태원의 눈앞에 어떤 학생이 경찰이 쏜 최루탄에 맞아 피를 흘리는 모습이 들어왔다. 그의 옆에서는 동료 학생이 쓰러지는 그를 부축하고 있었다. 이한열 군이었다.

정태원은 그들의 모습을 찍은 사진을 즉시 본사로 전송했다. 이 사진은 처음에 로이터가 외신으로 전송해 국내 신문에는 보도되지 않고 있다가 최루탄을 맞은 이한열이 병원으로 실려 가던 중 사망하면서 사건이 확대되어 국내에 알려지기 시작했다. 중앙일보 이창성 사진부장이 이한열의 사진을 찾다가 우연히 로이터통신의 이 사진을 입수한 것이다. 그는 사진을 얻어다가 전신사진 중 하단을 과감하게 트리밍한 후 신문에 게재했다.

쓰러지는 이한열의 사진은 순식간에 민주화의 상징이 되었다. 대학가에서는 이 사진을 저항의 이미지로 채택해 광범위하게 사용하기 시작했다. 사진은 대학가의 걸개그림과 판화로도 만들어졌으며, 티셔츠에 새겨 넣기도 하는 등 이미지의 파급효과는 대단했다. 당시는 분노한 젊은이들이 분신자살하는 숫자가 무려 53명이나 될 만큼 정치 암흑기였다. 이 사진은 "한열이를 살려 내라"라는 구호와 더불어 학생운동의 대표 아이콘이 되었다.

이한열을 부축했던 학생은 연세대 도서관학과 2학년에 재학 중이던 이종창으로, 당시 도서관학과 학생회장이었다. 그는 텔레비전에 나와 "그전까지는 이한열을 잘 몰랐다"라며 "시위 현장에 쓰러진 학생이 있어 부축했는데 그 학생이 이한열이었다"라고 말했다. 그는 "사진기자들이 쓰러진 이한열을 도와주지 않고 사진만 찍어 야속했다"라는 이야기를 덧붙였다. 하지만 사진기자가 눈앞의 장면을 포기한 채 카메라를 놓고 사건에 뛰어들었다면 사건의 기록은 영원히 불가능했을 것이다. 이종창은 졸업을 앞두고 '조국통일 촉진그룹사건'에 연루되어 수배되었다가 김영삼 정부 때 수배 해제되어 '도서관운동'에 전념하기도 했다. 그는 현재 연세대 도서관에 근무하면서 연세대 노조위원장을 맡고 있다.

정태원의 사진은 결국 해외보다 국내에서 더 알려졌다. 중앙일보를 시작으로 각종 신문들이 앞다투어 사진을 실으면서 사진은 폭탄 같은 힘을 가지게 되었다.

정태원은 후배들에게 "외신기자 생활을 하려면 외국어에 능통해야 한다"라고 조언했다. 그는 "보도사진이 신문에 얼마나 크게 쓰이느냐보다 어떤 내용을 담고 있느냐가 더 중요하다"라고 강조했다. 또한 그는 후배 사진기자들에게 이렇게 말했다.

"베트남전쟁 때 12명의 국내 사진기자들이 종군해 취재했지만, 활동은 미미했다. 외국 기자들은 모두 전선으로 나가 목숨을 걸고 취재한 반면, 한국 기자들은 전선에 참여하지 않고 부끄럽게도 베트남 수색대에게 촬영을 부탁해 사진을 얻기도 했다. 특히 어떤 신문은 베트남전쟁을 조작한 사진으로 상을 받고, 여전히 검증되지 않은 사진이 대학도서관에 보관되어 있기도 하다. 사진기자들은 모든 뉴스를 특종할 수 없다. 하지만 사진기자는 무엇보다 역사를 진실되게 기록해야 하고, 역사적 해석이나 판단은 독자들에게 맡겨야 한다."

정태원(鄭泰元, 1939-)

경북 봉화 출생
미 국무성 소속 문관
성조지 한국지부 사진기자
UPI통신 서울지부 사진기자
로이터통신 서울지부 사진기자

부산 평화대행진에 참가한 한 청년이 최루탄을 쏘지 말라고 외치며 달려 나오고 있다.
고명진, 1987. 6. 26.

"최루탄을 쏘지 마라"

'독재를 타도하자'는 시위의 물결이 노태우 정권 내내 전국을 뒤덮었다. 한국일보 고명진 사진기자는 1987년 6월 26일, 부산에서 대규모 평화대행진이 시작된다는 정보를 듣고 문현로터리에서 기다리고 있었다.

시민들과 학생들이 곳곳에서 집결하자, 경찰은 다탄두 최루탄을 무차별 발사하기 시작했다. 고명진은 50미터 앞에서 최루탄 얼굴에 흰 마스크를 둘러쓴 선두의 학생들이 대형 태극기를 펼친 채 최루가스 속을 뚫고 경찰 앞으로 다가오는 모습을 발견하고 카메라를 들었다. 순간, 그중 한 청년이 웃통을 벗은 채로 하늘을 향해 양손을 펼치며 "경찰은 더 이상 최루탄을 쏘지 마라, 독재타도!"라고 고함을 지르며 내달리기 시작했다. 고명진은 300밀리 렌즈를 단 니콘 F2를 들고 본능적으로 사진 두 장을 찍었다.

청년은 사진기자에게 가슴 떨리는 사진을 만들어 주고 연기처럼 인파 속으로 사라졌다. 고명진은 그 청년을 찾았지만 나타나지 않았다. 그가 찍은 이 사진은 지금까지의 숱한 시위 현장의 사진 중에서도 가장 압도적이다. 마치 연출을 한 것 같은 하늘이 준 완벽한 사진이었다.

폭압적인 정치에 저항하는 젊은 청년의 이미지만큼 가슴이 찌릿한 것이 있을까! 청년의 절규는 공권력을 잃은 사회, 국민들을 폭력적으로 짓밟는 정권에 대해 마치 노예처럼 숨죽이지 말고 저항하라고 외치는 듯하다. 이 사진은 시간이 지나도 가슴을 흔들어 깨우는 보도사진의 걸작이다.

이 〈최루탄을 쏘지 마라〉 사진은 고명진이 6년에 걸쳐 만든 기록사진집 『그날 그 거리』의 표지사진으로 쓰이기도 했다. 이 사진은 1990년, 네덜란드 암스테르담 보도사진전에 출품되었지만 낙선하고, 오히려 고대생들의 시위 사진인 〈학우의 분노〉 사진이 3등에 입상했다. 어디를 가나 사진 콘테스트의 심사는 객관적이지 못한가 보다.

고명진은 데모 취재를 하다가 백골단의 집단폭행으로 병원에 입원하기도 했다. 군사정권 아래 언론 보도가 제대로 되지 않는 현실에서 무력감을 느끼면서도 그는 사진으로 역사를 기록하고 증언하리라는 신념을 버리지 않았다. 그의 사진에는 최루탄과 화염병의 공방전으로 눈을 제대로 뜰 수도 없는 상황에서도 동물적인 감각으로 포착한 근성이 살아 있다. 노동자와 경찰, 어느 쪽에도 환영받지 못하는 천덕꾸러기 신세인 사진기자였지만 그는 항상 "사진기자는 카메라로 역사를 증언해야 한다"라고 말한 사람이었다. 그에게는 "현장을 떠난 사진기자는 사진기자가 아니다"라는 확고한 철학이 있었다.

고명진은 고등학교 때부터 사진기자가 되고 싶은 꿈을 가지고 있었다. 하지만 대학에서 사진을 공부하고 동아일보와 한국일보에 세 번씩이나 응시했지만 모두 낙방하고 말았다. 그러나 좌절하지 않고 군대에서 제대한 뒤, 주간시민과 한일은행 등에서 일하다 여원, 경향신문 주간사진부 등을 거쳐 거의 8년 만에 꿈에 그리던 한국일보 사진부에 입사했다. 꿈은 반드시 실현된다는 사실을 증명한 셈이다.

고명진(高明辰, 1951-)

서울 출생
서라벌예술대 사진과 졸업
서울신문 주간사진부 기자
한국일보 편집국 사진부 기자, 사진부장
뉴시스 편집국 사진국장
현재 영월 미디어기자박물관 관장
사진집 『그날 그 거리』

남북이산가족 상봉식에서 북측의 아들과 남측의 어머니가 40여 년 만에 다시 만났다.
강수관, 1988. 9. 28.

북에서 온 아들

남북이 분단된 지 40여 년 만에 처음으로 가족이 뜨겁게 상봉하는 장면의 사진은 시간이 흘러도 보는 이로 하여금 아픈 가슴을 절절하게 만든다. 1988년 9월 28일, 남북이산가족의 만남이 서울 워커힐호텔 컨벤션홀에서 있었다.

남측 가족들은 미리 나와 북측 가족들을 만날 시간만을 기다리고 있었다. 남측은 30개의 테이블을 만들어 놨는데 북측이 약간 늑장을 부리면서 엉뚱하게 15가족만 데리고 나오겠다고 했다가 예정대로 모두 나오기 시작했다.

동아일보 강수관 사진기자는 뜨거운 가족의 상봉을 포착하려고 좌석을 두리번거리다가 갑자기 "오마니!" 하는 소리에 고개를 돌렸다. 북측에서 내려온 아들 서형석(54, 북한 사리원 거주, 교수)이 서울에 사는 팔순 노모 유묘술(83, 서울 성북구)을 만나는 순간이었다.

북에서 온 아들은 어머니를 향해 "오마니, 맏아들 형석이가 왔어요"라고 외치며 바닥에 엎드려 큰절을 했다. 얼떨떨해 하는 어머니를 향해 북에서 온 아들은 어머니 얼굴 가까이 다가가 왼쪽 눈 가장자리를 보이며 "오마니, 어려서 돌로 장난을 치다가 다친 흉터가 이거야요. 이 상처를 치료하시느라고 오마니가 무척 고생하셨잖아요" 하면서 울먹이자 어머니는 그때서야 아들을 쳐다보며 눈물을 글썽였다.

북에서 온 아들이 이산가족 상봉장에서 가장 크게 "오마니"라고 외치는 바람에 남북한 언론인들의 시선이 모두 이들에게 쏠리기 시작했다. 강수관은 정신없이 바닥을 기다시피해서 모자의 테이블로 다가가 니콘 카메라 24밀리 렌즈를 갖다 댔다. 북에서 온 아들이 울먹이면서 남측의 어머니 손을 부여잡고 다시 한 번 "오마니!" 하는 순간을 기다려 모터 드라이브를 작동시킨 카메라로 10컷을 연속해 찍었다.

촬영할 당시 화면 중앙 쪽의 방송국 기자들이 강한 플래시를 터뜨려 다소 걱정했지만, 현상을 해서 보니 오히려 강한 방송국의 불빛은 주인공을 살려 주는 조명이 되어 사진을 더욱 돋보이게 만들었다.

신문사진은 오늘 일어난 뉴스를 늦게 보도하면 그만큼 뉴스 가치가 떨어지기 때문에 빨리 마감을 하는 것이 생명이다. 그런데 모자 상봉 사진을 찍었을 시간은 마감시간이 지난 후였다. 워커힐에서 광화문까지 보통 1시간 정도 걸리는데, 마감을 해야 한다는 의무감으로 자동차 라이트를 켜고 교통신호 위반까지 하면서 전속력으로 달리니 30분 만인 11시 5분쯤에 도착할 수 있었다.

강수관은 정신없이 필름 현상을 하고 잘 마르지도 않은 필름을 가지고 사진부장과 함께 암실에서 사진을 인화했다. 그런데 강수관이 생각한 8×10 사이즈와는 달리, 사진부장은 〈오마니〉 사진을 지나치게 크다 싶을 만한 11×14 사이즈로 인화해 편집국장에게 가져갔다. 편집국장도 역시 11×14 사이즈의 사진을 선택했다. 강수관은 "촬영도 중요하지만 어떤 사진을 선택하는지도 매우 중요하다는 것을 깨달았던 순간이었다. 〈오마니〉 사진을 크게 인화하니 더욱 사진이 살아났다"라고 회상했다.

하마터면 마감시간으로 인해 게재되지 못할 뻔한 사진 〈오마니〉는 동아일보 1면에 5단 정도의 크기로 크게 게재되었다. 이 사진은 1988년 보도사진전에서 금상을 받았다.

강수관(姜秀寬, 1956-)

경남 부산 출생
고려대 지질학과 졸업
국제신문 편집국 사진부 기자
동아일보 편집국 사진부 기자

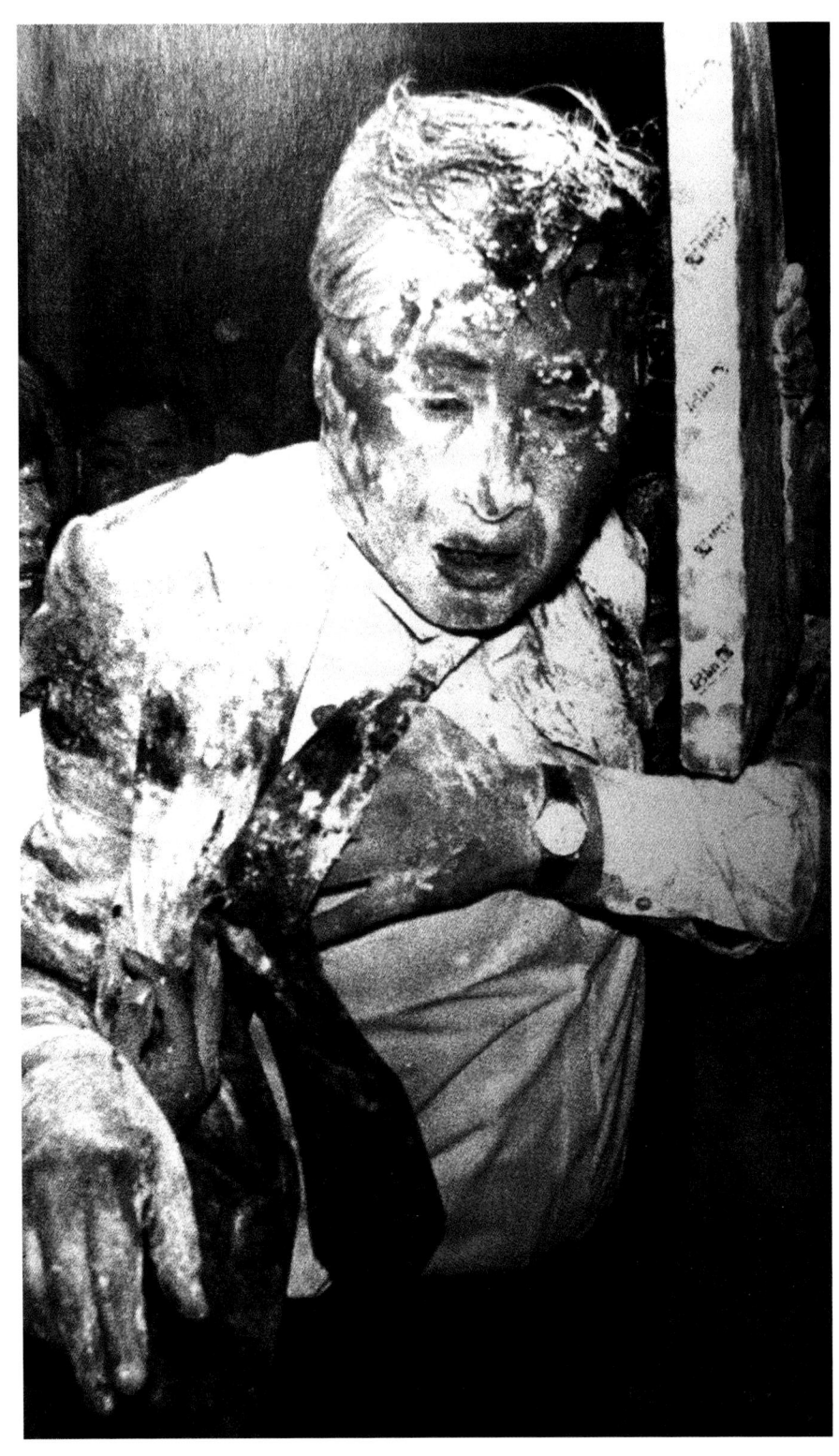

한국외국어대 교정에서 학생들에게 밀가루 세례를 받은 정원식 국무총리.
김경빈, 1991. 6. 3.

밀가루를 뒤집어쓴 국무총리

노태우 정권 시절의 정국은 수서사건에 강경대 군 치사사건, 학생들의 잇따른 분신 등으로 어수선했다. 이런 와중에 내무부장관과 노재봉 총리가 경질되면서 대통령 특사로 외국을 순방 중이던 정원식 장관이 국무총리에 임명되어 취임식을 가졌다. 정원식 총리는 문교부장관 시절, 전교조 교사 500여 명을 대량 해직시킨 전력으로 비난이 대상이 되었다. 게다가 세종대학에서는 학생들에게 봉변까지 당했던 전력이 있었다. 그런데 정말 운이 없게도 정 총리가 임명된 지 하루 만에 성균관대학 김귀정 양이 대한극장 앞에서 데모를 하다 압사당하는 사건이 일어났다. 또한 일주일 뒤에는 그가 밀가루 세례를 받는 초유의 사건이 발생했다.

1991년 6월 3일, 정원식 총리는 한국외국어대의 교육대학원 특강을 마지막으로 교수직을 정리하고 떠나기로 되어 있었다. 총리는 학교에 몰려온 취재진들에게 "나는 총리로 이곳에 온 것이 아니고, 교수로 왔다"라면서 취재기자들의 강의실 출입을 통제했다. 그리고 그는 대학원 건물 418호실에서 저녁 6시 30분부터 약 90분간 예정대로 수업을 진행하기 시작했다.

서울신문 사진기자였던 김경빈 역시 6시쯤 이문동에 위치한 학교에 도착해 총리를 따라 강의실에 들어갔지만 제지를 당했다. 그는 다른 기자들과 함께 복도로 쫓겨났고, 기자들은 이럴 바엔 모두가 모여 있을 것 없이 제비를 뽑아 한 사람만 남아 있자고 의견을 모았다. 하지만 갑자기 한 무리의 학생들이 몰려오는 바람에 이 계획은 무산되고 말았다. 복도가 순식간에 소란스러워지더니 사태가 점점 복잡해지기 시작했다.

학생들이 복도에서 "전교조 선생님 다 죽인 정 총리는 물러가라!" "참교육을 탄압하는 공안통치 물러가라!" 등의 구호를 외치며 노래를 부르기 시작하자, 정 총리는 강의를 시작한 지 50분 만에 서둘러 끝내 버렸다.

정 총리가 강의실 뒷문으로 빠져나오자 학생들은 기다렸다는 듯이 준비한 밀가루와 계란을 던지기 시작했다. 총리 일행은 일단 빈 강의실로 피했지만, 학생들은 구호를 외치면서 총리를 밖으로 끌어냈다. 정 총리가 대화를 하자고 외쳤으나 또다시 아수라장이 되었다.

김경빈은 비록 카메라 렌즈와 옷에 밀가루 반죽을 뒤집어썼지만, 연신 렌즈를 손으로 닦아 가면서 파인더에 정 총리가 비칠 때마다 셔터를 눌렀다. 그는 자신의 니콘 F3 카메라를 내려놓고 학생들을 말리고 싶을 정도로 정 총리가 안타까웠지만, 워낙 학생들이 격렬해 혼자 힘으로는 감당이 불가능했다. 여학생들은 정 총리가 당하는 모습을 보고 비명을 지르고, 총리는 이리저리 쫓기면서 스승의 날 선물로 받은 삼베 내의를 방패 삼아 쏟아지는 계란 세례를 막아 보았지만 역부족이었다.

총리 일행이 간신히 대학원 건물을 빠져나와 승용차를 타려 했지만 이번엔 학생들이 발길질과 주먹질을 퍼붓기 시작했다. 기자들과 수행원들이 총리를 경호하며 다시 운동장을 가로질러 교문 쪽으로 향했는데, 이때 총리는 완전히 얼빠진 모습이었다.

학생들은 교문 밖으로 그를 밀어내며, "다시는 외대에 발을 들여놓지 말라!"라고 외쳤다. 연락받은 전투경찰들이 교문 앞으로 뛰어왔지만 이미 상황은 종료된 뒤였다.

김경빈의 이 사진은 1991년 보도사진전에서 〈수난의 정 총리〉라는 제목으로 출품되어 대상을 받았다.

김경빈(金璟彬, 1963-)

전남 고흥 출생
전남대 신문방송학과 졸업
서울신문 편집국 사진부 기자
중앙일보 편집국 사진부 기자

광주학살 혐의로 검찰 소환을 앞두고 만난 전두환과 노태우 전 대통령이 술에 취해 음식점 계단을 내려오고 있다. 오동명, 1994. 6. 25.

"필름 아껴 쓰라우!"

1994년 6월 25일, 전두환과 노태우 두 전직 대통령이 1980년 광주항쟁에서 시민들을 학살한 혐의로 검찰 소환을 앞두고 있었다. 두 사람은 육사 동기이자 친구였지만 노태우가 대통령일 때 전두환을 백담사로 보낸 뼈아픈 사건으로 관계가 소원해진 후 처음 만나는 공식적인 자리였다.

당시 취재 현장에 있었던 중앙일보 사진기자 오동명은 현장의 분위기를 이렇게 설명했다.

"그들은 검찰 출두를 앞두고 마음을 정리하려는 뜻이었는지 함께 현충원을 찾아 참배를 했다. 곧이어 강남의 고깃집으로 이동했다. 사진기자들은 그들의 점심식사가 끝나기를 기다리며 자리를 지켰다. 두어 시간이 흐른 후, 전직 대통령 두 사람이 사이좋게 계단으로 내려왔다. 다소 술이 덜 취한 노태우 전 대통령이 술에 취한 전두환 전 대통령을 부축하며 내려오는 모습을 보며 사진기자들은 일제히 사진을 찍기 시작했다. 그러자 전두환 전 대통령이 사진기자들을 보며 혀 꼬부라진 소리로 "필름 아껴 쓰라우!"라고 말했다. 그들의 모습은 광주 학살에 대한 원인 규명을 하기 위한 검찰 소환을 앞둔 사람들인지 의심스러울 정도였다. 두 사람은 광주 학살을 반성하기는커녕, 대낮부터 태연하게 양주를 마신 뒤 국민들 앞에서 혀 꼬부라진 소리를 했던 것이다. 한 마디로 아연실색했다. 그러나 문제는 딴 데 있었다. 술 취한 두 사람의 사진을 당연히 신문에 게재했어야 옳았는데 정작 신문에는 엉뚱하게 두 사람이 악수하는 사진이 나가고 말았다. '그래도 전직 대통령인데 어떻게 술 취한 사진을 쓰겠는가'는 것이 신문사의 생각인 것 같아서 참으로 씁쓸했다."

오동명 기자가 사진을 하게 된 것은 우연이었다. 공부를 열심히 해 보려고 경제학과에 들어갔지만, 어느 날 불현듯 카메라의 매력에 빠졌다. 사진을 제대로 하려면 예술을 이해해야 할 것 같아 미학에도 관심을 가졌고, 사진의 한계를 벗어나고자 문장력을 키우기 위해 문학에도 눈을 떴다. 첫 직장인 제일기획에 들어가 깊이 있는 사진을 연구하다가 국민일보 사진기자를 거쳐 중앙일보 사진기자가 되었다.

그러나 그는 보도사진을 좋아하면서도 보통의 사진기자들처럼 거대한 언론 조직에 동화되지 못했다. 그가 진정으로 원했던 것은 카메라를 통해 사회와 진정으로 소통하는 것이었지만 공룡 같은 언론 조직은 그를 말썽꾸러기처럼 취급했다. 그는 현장을 눈에 보이는 대로 자연스럽게 찍지 않고 억지로 연출해서 그림을 만드는 방식에 익숙한 기자가 되기 싫었다. 기자정신은 실종된 채 사진부장의 지시대로만 사진을 찍는 보도사진 관행에 심한 염증을 느꼈다. 결국 중앙일보 홍석현 회장이 탈세사건으로 검찰에 출두할 때 기자들이 홍 회장을 비호하면서 "회장님 힘내세요"라고 한 것을 비판하는 대자보를 붙인 뒤 퇴사해 버렸다. 이런 풍토에서는 더 이상 사진기자를 할 수 없다는 생각에서였다.

오동명은 사진기자 시절 〈베트남 난민 취재〉로 서울언론상(1989)을 받았고, 『사진으로 세상 읽기』(눈빛)라는 책으로 출판상까지 받은 실력 있는 기자였지만 이율배반적인 언론 풍토에는 적응할 수 없었다. 그는 "사진기자는 진실과 사실을 구별할 줄 아는 안목을 갖춰야 한다. 보도사진은 진실이 아닐 확률이 높다. 왜냐하면 안목도 없이 카메라만 들고 다니다 보면 언론이라는 거대한 권력의 하수인으로 전락하기 때문이다"라는 소신을 갖고 있다.

오동명(吳東明, 1957-)

서울 출생
경희대 경제학과 졸업
제일기획 광고부
국민일보 편집국 사진부 기자
중앙일보 편집국 사진부 기자

통도사 극락암 조실에서 경봉 스님.
이관조.

카메라를 든 스님

승복을 입고 승가의 사진을 최초로 찍어서 여러 권의 사진집을 낸 사진가가 바로 이관조(李觀照) 스님이다. 그가 생전에 쏟아 놓은 불가(佛家)의 사진들은 일반인들이 추상적으로만 알고 있던 승려들의 생활을 엿볼 수 있는 좋은 기회가 되었다. 특히 수행하는 고승들의 인물사진은 관조 스님이 아니면 아무나 찍을 수 없는 사진들로, 모두 세간의 이목을 끌었던 사진들이었다.

그가 촬영한 말년의 경봉(鏡峰, 1892-1982) 스님의 표정은 신비롭다. '살아 있는 자비보살' '영축산 도사' '통도사 군자'로 칭송받았던 경봉 스님의 인물사진은 관조 스님이 아니면 찍을 수 없는 사진이었다. 그는 평소 "인생의 괴로움과 즐거움은 마음에서 일어나는 것이니 좋은 느낌으로 세상을 보면 만사가 두루 편하다(인생고락종심기(人生苦樂從心起), 활안조래만사강(活眼照來萬事康)"라는 말을 신도들에게 설교한 큰스님이었다.

관조 스님은 열네 살에 부산 범어사에서 지호 스님을 은사로 출가했다. 청년 시절에 이미 대혜선사의 『서장(書狀)』을 번역했으며 『법화경』『방거사어록』을 번역하면서 해인사의 강주(講主)와 범어사의 총무 및 교무국장을 지냈다. 그러나 1976년 이후부터는 어떤 직함도 맡지 않고 독학으로 사진을 익히면서 범어사에 딸린 독채에 암실까지 차려 놓고 사진에만 몰두했다.

"나의 사진을 본 모든 이들의 마음이 맑아지기를 바란다"라는 생각이 관조 스님의 사진철학이었다. 그가 사진계에 얼굴을 내민 것은 출판회관에서 보여준 《승가(僧家)》(1980)라는 전시회와 동명의 사진집이었다. 《승가》는 국내 최초로 선(禪) 수행자의 시각으로 사물을 바라본 명상 사진이었다. 1970년대부터 틈틈이 찍은 사진들을 서울 사람들에게 보여준 계기는 상업사진가 박옥수(朴玉秀) 덕택이었다.

사진집과 전시회 준비를 하면서 알게 된 박씨가 자연스럽게 사진가 주명덕을 소개하면서 개인전을 열게 된 것이다. 당시 스님의 전시회를 거들면서 전시장을 쭉 지켜 본 박옥수는 "나뭇잎 하나 풀잎 하나 부처 아닌 것이 없다'는 스님의 생각이 그대로 담긴 사진으로, 스님이 사찰의 사진을 찍은 것은 틀림없는 불교의 포교라는 사실을 실감했다"라고 전했다. 그는 "전시회 기간 동안 조계사의 스님들과 불교 신자들의 발길이 이어지면서 경봉 스님, 성철 스님 등 고승(高僧)들의 사진 앞에 선 신자들이 사찰에서 합장을 하듯이 사진을 보고 엄숙하게 고개를 숙이는 모습들이 많았다. 당시 조계사 주지 되시는 분이 관조 스님과 함께 불가에 출가한 도반으로, 첫날 전시회에 조계사에서부터 신도 300여 명이 걸어서 경복궁 입구의 출판문화회관 전시장에 관람을 올 정도로 대성황이었다"라고 회상했다.

2006년 11월 23일, 조계종 총무원장 지관(知冠) 스님과 신도 400여 명이 참석한 관조 스님의 장례식이 반평생을 사진 작업에 매진했던 부산시 금정구 범어사에서 거행되었다. 일산 동국대학병원에서 별세한 스님은 자신의 두 눈을 실명한 사람들에게 기증하고 시신은 의료 발전을 위해 써 달라는 유언을 남겨 다비식은 열리지 않았다.

지관 스님은 추도사에서 "우주 삼라만상을 한 줄기 빛으로 담아보려고 평생을 정진한 큰스님은 오고 가는 이 없는 그 길을 따라 꼭 빛으로 돌아오시라"라고 빌었고, 범어사 주지 대성 스님도 "부처님의 진리를 전하기 위해 불교계 최초로 사진을 통한 포교의 길을 여셨다"라고 추억했다.

이관조 스님(李觀照 1943-2006)

경북 청도 출생
범어사에서 승려 수행
묘법연화경 10여 권 번역 간행
해인사 강주(講主) 역임
사진집 「승가 1, 2」「열반」
「수미단」 외 다수

무녀 채희아와 김금화가 북한산 제례의식 전 목욕재계를 하고 있다.
김동희, 1981. 8.

두 무녀의 기도

'내림굿'은 무당이 되기 위해 신내림을 받는 의식을 말한다. 신병(神病)에 걸린 사람이 무속인(巫俗人)이 되기 위해서는 반드시 거쳐야 하는 과정이다.

사진가 김동희는 1981년 8월 어느 무더운 여름날, 한국 최초의 석사 무녀가 된 채희아가 미국으로 떠나기 전 신어미 김금화와 함께 평창동 북한산 능선의 다라니봉에 산신기도를 드리러 온 모습을 포착했다. 제례의식을 시작하기 전에 목욕재계를 하는 장면을 최초로 찍은 것이다. 당시 무속인들을 찍은 사진가들은 많았지만 무녀(巫女)가 몸을 씻는 장면을 찍은 사람은 없었다. 여성 사진가이기 때문만이 아니라, 서로에 대한 신뢰가 있어야만 찍을 수 있는 장면이었다.

김동희가 무속인의 사진을 찍게 된 계기는 월간지 『주부생활』의 사진기자로 근무할 때, 첫 휴가로 계룡산 산행을 다녀오면서였다. 그는 깊은 산속 바위 곳곳에 남겨져 있던 촛불 자국과 엎드려 기도하는 여인들을 보면서 '기도란 무엇인가'를 생각하게 되었다. 그리고 한국 여인들의 기도는 한결같이 자신을 위한 것이 아니라 자식과 남편, 부모를 위한 기도라는 점에 주목했다.

채희아는 서울대 국악과를 졸업하고 미국 UCLA에서 종족무용학 석사를 받은 뒤, 샤머니즘에 깊은 관심을 가지고 한국의 굿판에 대한 자료를 수집하기 위해 귀국했었다. 문예진흥원에서 우연히 김금화의 황해도 '철물이굿'을 보다가 돌연 온몸을 떨고 우는 등 소위 무병(巫病) 증세를 보여 내림굿을 했다. 김금화는 황해도 연백 출신으로 17세에 이미 내림굿을 하고 무당 생활을 시작하면서 22세에 남으로 내려와 인천에서 거주하다가 35세에 서울로 진출, 학사 출신 무속인으로 그 세계에서 특수한 위치를 누리고 있는 무녀였다.

김동희의 사진집 『굿판』에는 지금까지의 사진과는 다른 무엇이 있다. 단순히 이색적인 무속의 세계를 곁눈질하는 사진이 아니라, 한국인에게 있어 무속이란 무엇이며, 그 무속이 역사 속에서 사람들의 삶에 어떻게 관련되어 왔는지, 지금 우리의 삶에서 어떤 의미를 지니는지 생각해 보게 만든다.

서강대 김열규 교수는 김동희의 무속 사진에 대하여 이렇게 말했다. "그의 사진은 무당이 무엇인가를 설명하고 있지 않지만 어떤 것을 환기시켜 주고 있다. 사진에서 어떤 것을 불러일으키고 깨우치려 하는 것은 눈짓이며 정보가 아닌 영감이다."

한국인의 전래적 신앙이자 혼의 뿌리인 무속이 전류처럼 감염되게 만드는 사진, 굿판이 무당을 신들리게 만들듯 사진을 보는 이들도 신들리듯 빠지게 하는 사진은 아무나 찍을 수 없다. 김동희는 7년 동안 촬영한 사진으로 『굿판』이라는 사진집 한 권을 세상에 내놓았다. 『굿판』의 사진들은 한장 한장이 모두 무속인이 갖고 있는 고독·슬픔·한·넋·시선·절규·표정·몸짓 등을 마치 살풀이하듯 풀어 내었다.

사진가가 대상과 깊이 동화되지 않고는 사람들의 기억에 오래 남는 사진이 쉽게 나오지 않는다. 외관만 찍는 사진이 아니라 무속인의 내면을 표현하려는 치열한 작가정신이 있었기에 가능했다.

김동희(金東禧, 1949-)

경남 부산 출생
서라벌예술대 사진과 졸업
주부생활 사진부 기자
계몽사 사진팀장
현대백화점 문화센터 강사
사진집 『굿판』

해방이 되고도 고국으로 돌아오지 못한 사할린 동포 조성호,
윤주영, 1991.

사할린 동포

소련의 영토, 사할린에 아직도 남아 있는 조선인들은 그들 스스로가 좋아서 그곳에 간 것이 아니었다. 대동아전쟁을 일으킨 일본 제국주의자들은 노동력이 부족하자 국가총동원령에 따라 조선인들을 징용해 강제로 끌고 간 것이었다. 하루아침에 부모처자와 생이별하고 사할린에 팽개쳐져 고향에 돌아가리라고는 꿈에도 생각지 못한 사람들이었다.

대부분 농사나 짓던 아무 힘없는 사람들이 사할린에 강제로 끌려와 철도·도로·탄광·군사시설의 노동에 투입되었다. 도주하거나 꾀병이라도 부리면 일본인들에게 사정없이 얻어맞아야 했다. 죽을 고생을 하면서 간신히 목숨을 부지했지만 해방이 되고도 고국으로 돌아가지 못하는 처량한 신세가 되었다. 전쟁이 끝나고 일본인과 중국인들은 모두 각자의 고향으로 돌아갔다. 그러나 정작 조선인들만 한국과 북한, 양쪽에서 외면당한 채 얼어붙은 사할린 땅에 영원히 버려진 사람으로 전락해 버렸다.

사진가 윤주영이 촬영한 이 사진은 얼어붙은 창가에서 멍하니 밖을 내다보고 있는 조선인 조성호 씨의 표정을 포착한 것이다. 그 표정은 마치 팔팔했던 젊은 시절에 징용으로 끌려왔지만 이제는 움직이기도 힘든 늙은 몸이 된 조씨의 운명을 보여주는 듯하다. "조국에서 죽는 것이 꿈"이라는 조씨의 사진은, 일제강점기 식민지 청년으로 태어났다는 죄로 한 인간의 청춘과 꿈이 깨진 유리창처럼 산산조각 난 슬픈 민족의 역사를 그려 냈다고 할 수 있다.

윤주영은 사진이 글보다 더 인간의 마음을 움직이는 힘을 가지고 있다는 것을 보여주었다. 버려진 사할린 동포는 윤주영의 『동토(凍土)의 민들레』 사진집으로 부활해, 정부가 일부 사할린의 노인들을 고국에 데려와 편안하게 둥지를 트게 해준 계기가 되었다.

윤주영은 나이 오십에 사진을 처음 시작한 사람이다. 인간은 보통 인생 여정에서 자신의 특정한 사회적 역할과 이해에 따라 자신의 삶을 될 수 있으면 편안하게 꾸려 나가는 경우가 많다. 그런데 젊은 시절에 교수를 하고 언론계의 편집국장·국회의원·외교관·장관 등을 하다가 힘든 사진가의 길로 들어선 이력 자체가 특이하다.

그가 사진에 입문하자 사진계 인사들 대부분은 그가 여생을 카메라를 도락(道樂)으로 삼아 즐기려고 한다고 치부했다. 그러나 젊은 사람도 하기 힘든 다큐멘터리 작업을 여든이 훌쩍 넘은 나이까지 지속하는 것을 보고 그를 사진가로 인정하지 않을 수 없었다.

그는 남미에서부터 네팔·인도·부탄·파키스탄·터키·베트남 등지를 돌면서 『내세를 기다리는 사람들』(1990), 『동토의 민들레』(1993), 『어머니』(2007) 등 20여 권의 사진집을 세상에 내놓아 한국 사진계에 대단한 기록을 세웠다. 최근에 그는 『백인백상(百人百想)』(2009)이라는 인물사진집까지 냈다. 끊임없는 열정으로 사진전도 30여 차례나 열었다.

그가 살아온 이력은 비록 다채롭지만, 그는 사진가로서의 삶이 가장 의미가 있다고 생각한다. 왜냐하면 사진은 정직하고 기록이 영원히 남는 생명력이 있기 때문이다.

윤주영(尹胄榮, 1928-)

경기도 장단 출생
고려대 정치학과 졸업
중앙대 정치학과 교수
조선일보 편집국장
청와대 대변인
주 칠레 대사
문화공보부 장관

동두천 기지촌의 한 술집에서 미군 병사와 포즈를 취한 한국인 여성.
강용석, 1984.

아물지 않는 전쟁의 상처

강용석의 〈동두천 기념사진〉(1984)은 전쟁이 남긴 기지촌 미군 병사들의 모습을 독특하게 그려 냈다. '내국인 출입을 금함'이라는 경고판이 붙은 동두천 보산리 기지촌의 술집에 있는 미군 병사와 한국 여성의 모습. 흑인 병사는 기지촌 술집으로 흘러들어온 여인이 귀여운 듯 왼손으로 여인의 턱을 쓰다듬고 입술을 바라보고 있으며, 여인은 흑인 병사의 허리를 감고 있지만 사랑보다는 생존을 위해 존재할 뿐 마치 '마음대로 하세요'라는 표정이다. 제목은 '기념사진'이지만 우리의 눈에는 슬프게 보일 수밖에 없다. 일제 치하에서 우리의 힘이 아닌 미군의 힘으로 해방이 되었고 전쟁과 가난을 딛고 선진국에 진입할 정도로 경제가 탄탄해졌지만, 어쩔 수 없이 정치·사회·문화·종교·교육·예술·과학·언어 등은 미국의 영향을 받고 있는 판국에, 미군 병사들을 상대로 몸을 파는 직업여성의 존재를 말해 주고 있기 때문이다.

사진가 강용석은 1984년 동두천 보산리에 주둔하는 미군 병사들을 눈여겨보다 미군부대를 상대로 직업적으로 사진을 찍는 사진사 생활을 1년간 하면서 〈동두천 기념사진〉을 만들었다. 그가 이곳에 거주하면서 사진사로서의 역할을 하게 된 이유는 대부분의 술집들이 '내국인 출입금지'라는 경고가 출입문에 붙어 있어서 그곳에서는 촬영이 불가능했기 때문이다. 자유로운 출입과 촬영을 위해서는 사진사로 일하는 것이 최선의 방법이라고 판단했다.

의도된 연출보다는 대상들이 스스로 자연스럽게 취하는 기념적인 포즈에 초점을 맞춰 촬영했다. 미군 병사와 여인들의 모습을 찍는 방법은 그들의 요구하는 대로 따랐다. 그는 동두천 보산리 기지촌에 방을 얻어 낮에는 대학원 수업을 듣고 저녁에는 카메라를 멘 거리의 사진사가 되어 작업을 했다. 그는 사진을 찍자마자 보산리에서 하나밖에 없는 작은 현상소에서 현상과 인화를 해서 그 이튿날 미군들에게 장당 1달러씩에 팔았다.

강용석의 사진들은 한국전쟁이 남긴 상처를 보여준다. 사진철학도 없이 여기저기서 마구 사진을 찍어서 전시회를 여는 다른 사진가들과는 달리 그는 자신의 일관된 사진 주제를 '전쟁이 남긴 기억들'로 정했다. 전쟁이 남긴 상처로 우리나라는 60여 년이 넘도록 통일되지 못하고, 세계 유일의 분단국으로 남았다. 강용석은 그런 한반도의 전쟁 흔적을 좇고 있는 다큐멘터리 작가라고 할 수 있다.

그가 작업한 〈매향리 풍경〉은 미군 전투기의 폭격 연습장이었던 매향리를 찍은 사진이다. 사진에는 고통 받는 어떤 인물도 없이 그저 풍경만이 존재한다. 그러나 그 풍경 속에는 당시 미군이 현지인들의 삶을 뭉개고 바닷가의 무인도를 초토화한 현장이 드러난다.

2009년부터는 새로운 사진작업 〈한국전쟁기념비〉를 발표하고 있지만 본인이 생각하는 최고의 작업은 역시 〈동두천 기념사진〉이라고 한다.

강용석(姜龍錫, 1958-)

인천 출생
중앙대 사진학과 졸업
중앙대 대학원 졸업
미국 오하이오대 시각커뮤니케이션학과 졸업
현재 백제예술대 사진과 교수

스페인 바르셀로나 올림픽 마라톤에서 우승을 차지한 황영조 선수.
김주만, 1992. 8. 9.

몬주익의 영웅, 황영조

1992년 8월 9일, 황영조 선수가 스페인 바르셀로나 올림픽 마라톤 경기에서 2시간 13분 23초로 감격의 우승을 차지한 것은, 일제강점 기였던 1936년에 손기정 선수가 베를린 마라톤에서 우승을 차지한 지 56년 만에 거둔 쾌거였다. 손기정 선수가 일장기를 달고 우승한 것에 비해 황영조는 당당하게 가슴에 태극기를 달고 우승한 것만이 달랐다.

바르셀로나 올림픽을 취재하기 위해 동분서주했던 중앙일보 사진기자 김주만은 당시를 이렇게 회상했다.

"카메라를 들고 과연 누가 마라톤에 우승할지 몰라 두리번거리고 있는 순간, 황영조 선수가 들어오는 모습이 보였다. 스타디움의 관객들은 일제히 일어나 환호했다. 황 선수가 그라운드를 한 바퀴 돌고 테이프를 끊을 때, 니콘 F4 카메라와 400밀리 렌즈로 10장의 사진을 찍었다.

수백 명의 보도사진가들 속에서 정신을 차리고 찍었지만 황 선수가 두 손을 번쩍 들고 테이프를 끊는 장면을 어떻게 찍었는지 도저히 기억이 안 날 정도로 정신이 없었다. 가슴은 벅차서 방망이질치고 나도 모르게 두 눈에는 뜨거운 눈물이 흘러 내렸다. 15년간 사진기자 생활을 했고, 감격적인 장면을 정확하게 셔터로 정지시켰다고 생각하면서도 노출이 맞았는지 셔터가 혹시 흔들리지는 않았는지 불안했다.

숨 가쁘게 신문사로 필름을 전송해 놓고 시상대로 다시 뛰어갔다. 서너 명의 일본인 사진기자들이 한국인 기자들에게 "한국, 마라톤 우승, 축하합니다"라고 했다. 진심이 아닌 그냥 인사치레로 하는 축하인사를 던지면서도 못내 서운한 표정들이었다. 만약 황 선수가 아닌 일본 선수가 우승하는 장면을 찍어야 했다면 얼마나 가슴이 아팠을까 생각했다.

마라톤을 중계했던 스타디움의 전광판에 '마(魔)의 언덕'이라고 걱정했던 몬주익에서 황 선수가 모리시타 선수를 가볍게 앞지르는 모습을 보며 우승도 기대할 수 있겠구나 생각했지만 정말 가슴이 타들어 갈 정도로 조마조마했다."

마라톤이 시작되기 며칠 전, 김주만은 황영조를 포함 코치팀과 함께 마라톤 코스 답사를 한 적이 있었다. 이때부터 황영조는 "해볼 만하다"라며 투지가 대단했고, 김주만도 "한국이 혹시 마라톤에 우승을 하지 않을까?" 하는 기대를 했지만 현실이 될 줄은 몰랐다고 한다.

한국은 바르셀로나 올림픽에서 레스링, 사격, 양궁, 역도 등 모두 12개의 금메달을 획득했다. 이 사진은 1992년 보도사진전의 스포츠 부문에서 금상을 받았다.

김주만(金周晩, 1954-)

서울 출생
서라벌예술대 사진과 졸업
중앙일보 편집국 사진부 기자
한국사진기자협회 회장
중앙일보 편집국 사진부장

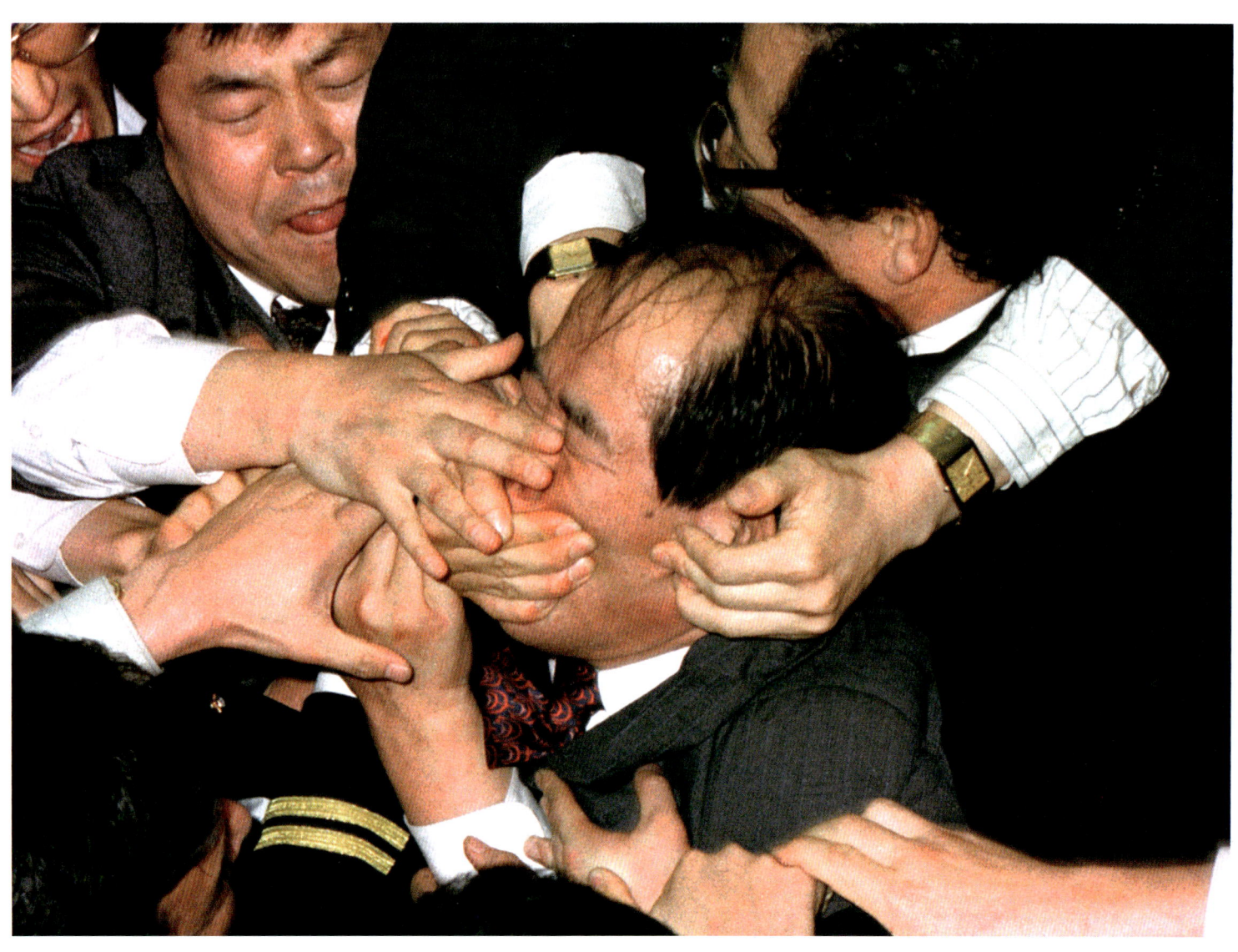

예산안 강행 처리를 반대하는 야당 의원들에 의해 제지당하는 황낙주 국회부의장.
윤여홍, 1994. 12. 2.

망신당한 국회부의장

1994년 12월 2일, 국회는 예산안 처리가 너무나 밀려서 더 이상 뒤로 물러설 수 없는 법정시한이 다가오고 있었다. 여당의 추곡수매안이 민주당이 요구하는 안기부법 개정안과 맞물려 서로 한 치의 양보 없이 팽팽하게 맞서고 있었고, 여당은 강행 처리를 계획했다. 긴장감 속에 황낙주 국회부의장이 부산하게 움직이고 있었다. 황 부의장이 민자당 의원들의 호위를 받으며 예결위원회를 뚫고 들어가려는 것을 눈치 챈 야당 의원들이 황 부의장을 감시하고 있었다.

국민일보 윤여홍 사진기자는 이런 심상찮은 분위기 속에 지원 요청을 받고 오후 4시쯤 국회에 도착했다. 재무위원장실에 잠시 들렀다가 다시 복도에서 여당 의원들 뒤를 이리저리 따라다니는 정치부 기자들의 동태를 살폈다. 그리고 분위기를 감지하기 위해 예결위원장실을 한번 들러 보았다. 벌써부터 여야 의원들의 보좌관들끼리 내뱉는 말투가 공격적인 것이 심상치 않았다.

이만섭 국회의장으로부터 사회권을 위임받은 민자당의 황낙주 부의장은 강행 방침을 굳혔는지 전투적인 얼굴로 진입을 시도했으나 야당의원들의 제지로 일단 밀려 났다. 1차 시도가 실패했지만 일진일퇴하면서 틈새가 보이면 강공으로 진격할 자세로 예결위원회 출입구 옆에서 2차 시도 기회를 엿보고 있었다. 순순히 물러날 황 부의장이 아니었다. 욕설과 야유, 인신공격, 멱살잡기가 난무하면서 국회 회의장을 지키는 야당 의원들은 강행처리는 어림없다는 자세로 버티고 있었고, 방청석에는 킥킥거리는 웃음소리가 들려왔다. 시간은 밤 11시 40분을 가리키고 있었다.

이때 황낙주 국회부의장이 청년 의원들에게 둘러싸여 거세게 밀고 들어왔다. 거센 육탄공격에 야당 의원들은 "어이샤! 어이샤!"를 외치며 막아섰다. 그 한가운데 황 부의장의 몸이 완전히 꼼짝할 수 없는 사각지대에 끼이게 되었다. 윤여홍도 인파에 휩쓸리면서 이를 저지하려는 민주당의 육탄 수비군들 사이에 밀려다니다 황 부의장이 바라보이는 가장 좋은 위치에 서 있게 되었다. 황 부의장의 안면을 향해 야당 의원들의 거친 손들이 머리 뒤에서 귀를 잡아당기고 뺨과 입술을 찢어 버릴 듯 비틀어 버리는 진풍경이 펼쳐졌다. 대충 10여 개의 손들이 겹겹이 거세게 공중에서 날아오면서 황 부의장의 얼굴을 짓누르기 시작했다.

윤여홍은 황 부의장의 얼굴이 좌우로 흔들리면서 숨이 질식할 듯 몸부림을 치는 순간을 캐논 T-90와 28-85밀리 렌즈로 촬영했다. 그는 번개처럼 세 장을 찍었다. 당시에는 사진이 어떻게 나올지 감을 잡을 수 없었다. 장내가 아수라장이 되면서 황 부의장은 본회의장 밖으로 질질 끌려 나갔다. 황 부의장은 초주검이 되어 비서 등에 업혀 병원으로 실려 갔다. 사태가 이렇게 되자 여당은 강행 처리를 포기하고 말았고, 본회의장 안에서는 야당 의원들의 박수 소리가 울려 퍼졌다.

민자당의 날치기 통과가 실패하고 협상이 다시 시작되어 5일 만에야 가까스로 타협점을 찾아 예산안이 처리되었다. 윤여홍이 촬영한 이 사진은 1995년 보도사진전에서 〈숨 막힌 대역〉이라는 제목으로 대상을 받았다. 그는 1992년 제14대 총선을 앞두고 민자당 거창지구당대회에서 선거운동원들이 돈을 건네고 금품을 수수하는 현장을 촬영해 제24회 한국기자상을 받기도 했다.

윤여홍(尹如弘, 1958-)

충남 청양 출생
경희대 영어교육과 졸업
경향신문 편집국 사진부 기자
국민일보 편집국 사진부 기자
현재 국민일보 사진부 전문위원

축구 경기에서 수비수가 상대팀 선수의 유니폼을 벗기는 해프닝이 벌어졌다.
홍성한, 1994. 8. 20.

벗겨진 팬티

1994년 8월 20일, 서울 동대문운동장에서 벌어진 일화와 유공의 축구 경기에서 웃지 못할 장면이 연출되었다. 일화 9번 오동천의 공격을 유공 5번 허기태가 막으려다 넘어지는 와중에 필사적으로 저지하기 위해 뻗은 오른손이 오동천의 팬티를 벗겨 버린 것이다. 스포츠조선에 실린 이 장면은 '우째 이런 일이!'라는 제목으로 독자들의 폭소를 자아내게 만들었다.

당시 스포츠조선의 홍성한은 경기 중 극적인 장면을 놓치지 않고 포착해 내는 재능 있는 사진기자였다. 필자는 웃음이 절로 나는 이 스포츠 사진을 당시에 스크랩해서 가지고 있다가, 몇 년의 세월이 지난 어느 날, 뒷이야기를 듣기 위해 홍성환을 찾았다. 그런데 안타깝게도 동료기자들을 통해 몇 달 전 병고에 시달리다 젊은 나이로 사망했다는 소식을 전해 듣게 되었다. 그는 여섯 살짜리 딸과 부인을 남긴 채 세상을 떠났다. 아쉬운 마음에 『사진기자회보』를 찾아보았다. 1994년 회보에 스포츠조선의 후배 기자가 '고 홍성한 선배에게 바친다'는 추모기사가 게재되어 있는 것을 확인할 수 있었다.

"이제 막 젊음과 열정을 불태워야 할 나이에 뭐가 그리 급했습니까. 오늘 아침 출근 전에 선배가 유명을 달리했다는 비보를 접했습니다. 몸도 마음도 꽁꽁 얼어붙어 발길이 떨어지지 않았습니다. 얼마 전 부원들이 선배의 병실을 다녀왔다는 말을 전해 들었습니다. '얼마나 야위었는지 목소리를 듣고서야 선배인 줄 알았다'고 했습니다. 워낙 깔끔하고 멋쟁이였던 선배의 야윈 얼굴을 바라볼 용기가 나지 않아 두려움이 앞섰습니다. 그런데 선배가 이제 다시는 만날 수 없는 곳으로 가 버렸다니, 지금도 실감이 나지 않습니다. 부산 앞바다를 바라보며 불확실한 장래를 고민할 때도, 광화문 뒷골목 어느 선술집에서 스포츠 사진을 얘기할 때도, 언제나 자상했으며 다정다감했습니다. 이제 모든 기억을 추억으로 접어야 하는지요. 선배는 일에 있어서 남다른 열정을 가지고 있었지요. 투병 생활 중에도 후배들을 보면 '어서 빨리 일어나 올림픽 취재를 가야 하는데'라는 말로 의욕을 보여주곤 했었지요. 항상 '나는 나다'라고 말할 정도로 자신감이 강했던 선배, 항상 최고이기를 원했던 선배, 언제나 남보다 진보적인 생각으로 앞서 가던 선배, 그런 멋진 선배로 우리 후배들은 기억하고 있을 겁니다. 병고도 없고 죽음도 없는 저 천국에서 편히 쉬십시오, 항상 사람 좋게 웃는 웃음 저편에 남다르게 고민하면서 치열하게 살았던 선배의 모습은 우리들 마음속에 영원히 살아 있을 겁니다."

이미 고인이 된 사진기자의 사진을 보면서 생전의 홍성한 기자의 취재 뒷이야기도 듣지 못하고 사진만 수록하는 것이 선배 사진기자로서 가슴이 아팠다.

홍성한(1963-1997)

경남 부산 출생
경성대 사진학과 졸업
주간야구 사진기자
스포츠조선 사진부 기자

노을에 물든 삼각산.
안승일.

산 사진에 바친 한평생

안승일은 "나의 사진은 삼각산의 일부이고, 삼각산 사진집은 그 사진의 일부"라고 말했다. 필자는 항상 그를 보면서 육체적인 장애는 그것을 이겨 내려는 정신적인 힘 앞에서는 그저 무력할 수밖에 없다는 것을 느꼈다.

그는 어린 시절 앓았던 소아마비로 다리를 약간 절면서도 자신의 장애를 극복하려고 유도를 하고 권투도 했으나 역부족이었다. 그러다 그는 산악사진을 하면서 장애를 극복해 냈다. 사진을 하면서도 그 흔한 사진 공모전에는 단 한 번도 출품하지 않고 오로지 산악사진에만 매달렸다. 그의 놀라운 집념은 풍경사진을 찍고 폼만 부리는 수많은 사진가들을 부끄럽게 만들었다.

또한 안승일은 사진을 잘 찍기 위한 해답이 오직 학교에만 있는 것은 아니라는 것을 사진을 배우려 하는 사람에게 사진으로 증명시킨 사람이며, 그 사람의 가치는 정신력에서 확연히 차이가 난다는 것을 보여주었다. 그의 사진을 보고 있노라면, 산 풍경을 찍은 사진가는 많아도 사진을 이 정도로 찍는 사진가는 흔치 않다는 것을 느끼게 된다. 그러면서 산 사진을 제대로 찍기 위해서는 사진에 대한 애정도 중요하지만, 먼저 자연에 자신을 철저히 융해시키지 않으면 안 된다는 것도 알려 주었다. 재주를 부리지 않고, 오직 느리고 우직하며 진실하게 살아가려고 노력하는 자세는 같은 사진가이지만 존경스러운 마음이 들게 만든다.

안승일은 앞으로 농사나 짓고 살겠다며 1965년, 건국대 원예과에 입학했다. 하지만 3년 만에 중퇴하고 1967년부터 고령산악회에 입회하여 산을 오르내리다, 1969년에 다시 서라벌예술대 사진과에 입학한다. 그러나 사진과도 결국 졸업을 못하고 중퇴, 오로지 산 사진에 빠져 산을 오르내렸지만 경제적인 압박으로 충무로에 광고사진 스튜디오를 개업했다.

1982년 높은 산을 찾아 지리산, 한라산을 돌아다니다, 설악산을 거쳐 경기도 팔당을 지나던 버스 차창 밖으로 삼각산의 놀라운 모습을 보게 된다. 그는 삼각산의 모습에서 마치 어머니 품속과 같은 모정을 발견하고, 삼각산을 다시 찾았다. 그러다 1985년 간염과 과로로 쓰러져 생명의 불꽃이 꺼져 가는 듯했으나, 삼각산 백운산장에서 6개월 동안 투병하며 결국 산에서 구원을 받았다. 붉게 물든 만경대 정상을 향해 카메라를 들고 오르내리는 건강한 모습으로 다시 만들어 준 것이다.

안승일은 자신의 사진에 대해 "자연을 들여다보는 창"이며 좋은 사진이란 "몇 번이라도 외워 보고 들춰 보는 좋은 시 같은 사진"이라고 말한다. 그는 자연이 연출하는 가장 극적인 드라마를 포착하기 위해 한 번 갔던 장소를 쉰 번이고 예순 번이고 되풀이해 가는 게 보통이다. 그의 사진은 모두 그렇게 완성되었다.

그는 20년째 백두산을 찍어 오고 있다. 1995년 백두산 사진집을 처음 내놓고, 한국의 영원한 영산(靈山)인 백두산의 혼을 포착하기 위해 1년에 서너 번, 한 번 가면 한 달, 오래 있을 때는 3개월씩 묵으며 사진을 찍어 왔다.

2000년에는 백두산 사진이 들어간 달력 '우리 강산'이 중국 공안 손에 들어가 중국 수사당국으로부터 연행을 당하는 고초를 겪기도 했다.

안승일(1946-)

서울 출생
건국대 원예과 중퇴
서라벌예술대 사진과 중퇴
그린스튜디오 설립
사진집 「삼각산」 외 다수
현재 중국 연변의 허름한 아파트에서 생활하며
20년째 백두산을 찍어 오고 있다.

북한 개성에서 바라본 북한산.
김형수, 1998. 7.

개성에서 바라본 북한산

중앙일보 김형수 사진기자는 1998년 7월 16일 북한 문화유산답사팀과 함께 북한 전역을 답사하는 취재에 동참하게 되었다. 그는 개성에서 휴전선 이남을 바라보면 중간에 평야지대밖에 없기 때문에 북한산을 볼 수 있을 것이라고 생각했다. 남쪽에서 개성을 찍어 본 경험의 역발상이었다.

그는 북한으로 들어간 다음 날 개성으로 출발해 오후 늦게 평양으로 되돌아올 때까지 일대의 높은 지대를 찾아다녔다. 오전에 선죽교, 개성여관 등을 돌아다녔지만 마땅한 곳이 없어 실망하던 차에 오후 고려박물관 취재를 끝내고 박물관 뒤편 언덕에 올라가 보았다. 그런데 남쪽으로 손톱만 한 산봉우리가 멀리서 보이는 게 아닌가. 어디서 많이 본 듯한 산이 눈에 확 들어 왔다. '저 산봉우리가 혹시?' 북한에서 바라본 북한산이 지척에서 선명하게 보이다니 믿을 수 없었다. 그가 그 광경을 실제로 받아들이는 데는 채 5분도 걸리지 않았다.

김형수는 니콘 F3와 500밀리 렌즈를 들고 개성에서 바라본 북한산을 후지필름 ASA 400짜리 필름 한 통에 담았다. 남쪽에서 개성을 찍다가 이번엔 거꾸로 개성에서 북한산을 찍어 볼 기회는 상상도 하지 못한 일이었다. 북한에서 찍은 이 사진은 중앙일보 1면에 크게 게재되었다. 본인이 찍은 사진이지만 마침 날씨가 좋은 날이었기에 북한 개성에서도 북한산이 손에 잡힐 듯 잘 찍혀서 너무나 신기했다.

이처럼 김형수는 데스크의 지시에 따라 촬영하는 수동적인 사진기자이기보다는 스스로 기획하고 자신의 구상을 추진하는 도전적인 사진기자였다. 1995년에 중앙일보가 거금을 투입해 항공사진 취재용 J-BIRD 헬기를 구입했을 때도 사진기자로서 헬기를 주도적으로 움직여 타사보다도 특단의 취재를 구상하기도 했다. 지도를 들여다보다가 개성과 휴전선 이남 사이에 높은 장애물이 없다는 것은 곧 남쪽에서 헬기로 높은 곳에 올라가면 개성을 찍을 수 있을 것이라는 확신을 갖게 했다. 개성은 고려의 첫 도읍으로, 월남한 이산가족들 중에는 고향이 개성인 사람이 많다는 사실에 주목했고, 중앙일보가 개성 시가지를 시원하게 보여주면 큰 이미지 효과를 거둘 수 있을 것이라는 것을 확신했다.

김형수는 이 계획을 데스크에게 보고하고 즉각 촬영에 나섰다. 사진을 찍을 수 있는 파주 상공으로부터 개성시까지는 직선거리로 약 35킬로미터 거리. 가시거리가 넓은 쾌청한 날은 1년에 통틀어 2-3일밖에 안 된다. 전방지대 항공촬영 허가절차는 무척 까다로워 미리 한 달씩 허가를 갱신하면서 언제라도 날씨만 좋으면 이륙에 지장이 없도록 대기하고 있었다. 매일 새벽 하늘을 보면서 하루를 시작했고 별빛을 보면서 퇴근하는 생활이 반복되었다.

드디어 1996년 7월 5일 아침, 잠에서 깨 습관적으로 창밖 하늘을 내다본 그는 수정같이 맑은 하늘을 보고 정신없이 회사로 내달리기 시작했다. 수색 항공팀에 비상을 걸어 놓고 니콘 1700밀리 초망원렌즈 등 장비를 갖춰 대기 중인 헬기에 올랐다. 헬기를 타고 경기도 파주 3000피트 상공에서 내려다보이는 개성시는 엄지손톱만 한 크기였다. 초망원렌즈로 손에 잡힐 듯 가물가물 보이는 도시를 당겨 찍어야 했다. 이 사진은 1996년 7월 6일자 1면에 대문짝만 하게 실렸다. 김 기자의 사진을 본 실향민들이 사진 부탁을 수없이 해 왔다.

개성에서 바라본 북한산 촬영 이후 그에게는 북한 문화유산답사 취재(1997-1998) 관계로 북한을 세 차례나 더 취재할 수 있는 행운이 찾아왔다.

김형수(金炯洙, 1959-)

경북 대구 출생
영남대 경영학과 졸업
중앙일보 편집국 사진부 기자
중앙일보 편집국 사진부장

낙선 의원을 위한 청와대 오찬에서 김대중 전 대통령에게 큰절을 하는 허인회 후보.
강민석, 2000. 4. 13.

큰절 올리는 정치인

서울 동대문구에서 민주당으로 출마한 허인회 후보는 총선에서 11표라는 근소한 차이로 한나라당의 김영구 후보에게 패하고 말았다. 그 일주일 뒤인 2000년 4월 13일, 그는 낙선 후보를 위한 청와대 오찬에 참석해 갑자기 김대중 대통령 앞에서 넙죽 큰절을 올리는 장면을 연출했다. 그 모습은 마치 왕정시대 거적을 깔고 엎드려 임금의 처분이나 명령을 기다리는 석고대죄(石膏待罪)의 모습과도 같았다. 현장에서 이 모습을 본 국민일보 강민석 사진기자가 얼른 그 장면을 카메라로 포착했다.

이 사진은 결국 젊은 정치인 허인회의 발목을 잡는 사진이 되어버렸다. 때 묻지 않은 젊은 후보의 이미지를 좋게 하기는커녕 그를 따라다니며 나쁜 이미지로 고통을 주는 사진이 되었다. 사진에 대한 평가는 엇갈렸다. "아버지보다 연배가 높은 대통령에게 큰절을 올리는 것은 예쁘게 봐 줄 수도 있는 것 아니냐"라는 긍정적인 측면에서부터 "대통령 앞에서 너무 아부하는 것 아니냐"라는 반대 여론까지 들끓었다. 대통령에게 큰절하는 사진이 신문에 게재된 후 허인회 후보의 홈페이지에는 "출마를 포기하라, 기득권에 투쟁하던 민주투사가 기득권 세력에 이렇게 쉽게 영합하다니, 이번 선거를 포기함으로써 더 큰 재목이 되기를 바란다"라는 충고의 댓글이 5천여 개가 넘게 쇄도했다.

어떤 변명도 소용없었다. 그 사진은 계속 허 후보를 깊은 수렁으로 몰고 갔다. 선거에서 상대방 후보들은 허 후보에 대해 "절대권력에 충성을 다하는 사람이 어떻게 민주주의를 실현하고 소신정치를 펼 수 있겠느냐"라며 여러 차례 맹비난했다. 그 결과는 허 후보가 1년 후에 서울 동대문(을) 재보궐 선거에서 홍준표 한나라당 후보와 격돌하면서 나타났다. 결국 허 후보는 홍 후보에게 3천7백여 표 차로 패하고 말았다.

공개석상의 정치인들은 언론의 조명도 받지만 허 후보처럼 이익은커녕 독약이 되는 관심을 받기도 한다. 국가에 봉사하려는 지도자들은 몸가짐부터 조심해야 한다는 것을 일깨워 준 사진이 바로 이 '청와대에 큰절하는 정치인' 사진이다. 그는 2003년 8월 27일자 동아일보의 정치인 참회록 인터뷰에서, "김대중 대통령과 똑같이 서서 악수하기가 송구스러워 존경하는 의미로 엎드려 큰절을 했다"라고 해명했다. 하지만 윗사람에게 큰절하는 미풍양속도 선거철의 정치인에게는 어울리지 않는 행위이며, 그것이 결국 상처를 준다는 것을 증명할 뿐이었다.

허인회 후보가 아무리 정의롭고 당찬 젊은이였다 하더라도, 개인의 거침없는 행동에 앞서 먼저 국민의 시선을 두려워해야 한다는 사실을 이 사진이 입증했다. 아무리 학생운동의 중심에서 독재 타도를 외치며 진보운동의 구심점 역할을 했던 학생회장 출신이라고 해도, 사진을 보는 독자의 입장에선 오히려 권력에 편승하고 기생하려는 나약한 인간으로 비쳐질 수밖에 없었다.

허인회 후보는 2004년 4월 15일, 제17대 총선의 서울 동대문구를 선거구에서 한나라당의 홍준표 후보와 또다시 격돌했다. 노무현 대통령 탄핵 열풍으로 허인회 후보의 열린우리당이 선전할 것으로 기대되었으나 피를 말리는 살얼음 승부 끝에 1천여 표 차이로 또다시 패하고 말았다.

강민석 기자는 현장에서 뉴스를 바라보는 시각이 남다른 기자였다. 김대중 대통령이 북한에 갔을 때 김정일과 악수하는 사진을 찍기도 했다. 그는 2011년 보도사진전에서 특별상을 받았으며, 저서로 『반갑습니다』(남북정상회담 사진집, 공저)와 『나의 취재기』를 내기도 했다.

강민석(1961-)

경기도 안성 출생
한양대 신문방송학과 졸업
연세대 언론홍보 대학원 졸업
국민일보 편집국 사진부 기자
국민일보 편집국 사진부 선임기자

고속도로에서 차에 치여 죽어 가는 고라니.
박서강, 2005. 6. 28.

로드킬

고속도로에까지 내려와서 무단횡단하던 고라니가 자동차에 치여 쓰러졌다. 몸은 만신창이가 되어 죽어 가면서도 고라니의 눈빛은 최후라기보다는 차라리 잠자리에 들어 휴식을 취하는 듯한 표정이다. 자동차에 치인 것도 모르고, 자동차를 만든 인간도 원망하지 않은 눈빛이어서 더욱 애처로워 보인다.

한국일보 사진기자 박서강은 2005년 6월 28일 새벽, 중앙고속도로 하행선 만종분기점 부근의 중앙분리대에서 달려오는 승용차에 치여 갓길까지 튕겨져 나가 도로분리대에 기댄 채 몇 차례 몸을 떨며 죽어가는 고라니를 촬영했다.

박서강은 어둠이 깔린 고속도로에서 야생동물들이 교통사고로 숨지는 로드킬(Roadkill)의 피해를 취재했다. 그는 "인간이 동물들과 함께 공존하려는 의식 없이 동물들을 사각지대로 몰아가는 현장"에 관심이 많았다.

이 사진은 동물들이 편안하게 숨 쉴 공간 없는 재앙의 현장을 극적으로 표현한 사진이다. 박서강은 60여 일 동안 참혹한 로드킬 현장을 쫓아 뛰어다녔다. 인간의 편리함을 위해 도로를 거미줄처럼 연결시키고 자연을 마구 파헤쳐 놓은 결과, 이제는 국립공원 내 고속도로에서 동물들의 이동은 거의 사망으로 직결되는 현실이 되어버렸다.

박서강은 '로드킬' 사진으로 한국기자상(2006)을 수상하고 한국보도사진전(2008)에서 대상을 연달아 받았고, 그는 당시 수상소감을 이렇게 말했다.

"한국기자상이라는 큰 상을 받게 되어 무척 영광스럽고 기쁘다. 지난여름 내내 '로드킬' 취재에 매달렸다. 두 달에 걸쳐 목격한 실태는 상상 이상이었다. 이러한 상황을 카메라에 담는 작업 또한 상상 이상으로 힘들었다. 이 사진은 선배 동료들의 격려의 결과물이었다. 한 장의 사진을 얻기 위해 많은 노력과 시간이 필요한 것임을 깨달았다."

깊은 산의 멧돼지와 고라니 등은 인간들이 동물의 길에 덫을 놓아 죽음으로 몰리고 있다. 동물을 보신용으로 찾는 구매자가 줄어들지 않아 밀렵이 끊이지 않고 있다.

해외의 국립공원에 가보면 토끼와 사슴, 고라니가 지척에서 뛰놀고 있는 데 반해 한국의 국립공원은 그런 동물들이 전혀 보이지 않는다. 동물이 씨가 마르고 동물이 인간을 무서워하는 세계는 재앙에 가깝다. 먹을 것도 많은 시대에 동물을 닥치는 대로 잡아먹는 이런 풍토에서 자라는 한국의 동물들은 불행할 수밖에 없다.

국립공원관리공단의 전국 16개 국립공원의 로드킬 현황을 조사(2006-2009)한 결과 4년간 총 3,976마리의 야생동물이 로드킬을 당했고 이중 개구리가 1,801마리(45.3퍼센트)로 가장 많았다고 한다. 월악산국립공원 597번 지방도로에서 개구리가 떼죽음을 당한 것이 가장 피해가 컸고, 두 번째 피해자는 몸이 날쌘 다람쥐(729마리, 18.3퍼센트)였다.

박서강은 2010년 9월, 언론재단에서 기자들을 교육시키는 프로그램에 선발되어 현재 미국 미주리 대학에 유학하고 있다. 그는 방송·영화·출판·음악·시각디자인 등이 포함된 멀티미디어 저널리즘 분야에 많은 관심을 가지고 있다.

박서강(朴西康, 1971-)

전북 전주 출생
연세대 신문방송학과 졸업
한국일보 편집국 사진부 기자

군국시대의 일본군 복장을 하고 야스쿠니 신사에 나타난 일본인.
한정식, 1997.

야스쿠니 신사

군국시대(軍國時代)의 일본제국의 부활을 그리워하는 것일까? 침략 전쟁의 상징인 일본 육군의 복장으로 야스쿠니(靖國神社) 신사의 벤치에서 휴식 중인 일본인의 모습은 포악한 전쟁에 향수를 느끼는 일본인의 또 다른 얼굴이다. 전쟁의 성격은 다르지만, 만약 우리나라 고궁 같은 곳에 6·25전쟁에 참전했던 한국군 병사가 전쟁의 향수를 못 잊어 전시(戰時) 군복 차림으로 앉아 있다면, 그는 정신병원에나 가야 할 것이다.

한국과 중국이 일본 정치인의 야스쿠니 신사 참배를 반대하는 이유는, 그곳은 황국사관의 총본산으로, 야스쿠니 신사에 참배한다는 것은 곧 침략전쟁을 국가의 위업으로 삼고 군국주의를 찬미하는 것이기 때문이다. 그런데도 고이즈미 전 총리의 경우엔 한국과 중국의 항의는 들은 척도 안 하고 야스쿠니 신사를 참배했다.

1971년부터 1997년 사이, 사진가 한정식은 제2차 세계대전 후 남겨진 제국주의 일본의 흔적을 찾아 일본대사관·덕수궁·남대문시장·창덕궁·서울운동장 등을 촬영하기 시작했다. 그러다가 일본대학 예술연구소에서 본격적으로 사진을 공부하면서 도쿄도(東京都) 치요다구(千代田區)에 있는 야스쿠니 신사와 스키야바시·이세신궁·아카바네·황궁 등에서 일본인들의 모습을 추적했다.

한정식은 일본인들이 전쟁이 끝난 지 50년이 지난 후에도 군국주의 정신이 살아남아서 활력을 과시하는 모습을 카메라로 기록했다. 야스쿠니 신사는 청일전쟁·러일전쟁·제2차 세계대전 등에서 전사한 3,588명의 병사들의 위패를 모아 놓고 제사를 지내는 곳으로, 강제징용으로 끌려가 희생된 일부 조선인들의 위패도 보관하고 있는 일본 군국주의의 상징이다.

사진가 한정식이 찍은 야스쿠니 신사의 사진들은 『흔적』(2006, 눈빛)이라는 사진집으로 출판되었다. 이 책에서 그는 "사진은 흔적의 기록이지만 사진은 흐르는 세월 속에서 메주나 누룩처럼 발효한다"라고 말했다.

히로시마에 떨어진 원자폭탄으로 14만 명이 한꺼번에 죽고, 나가사키에서 7만 명이 한꺼번에 목숨을 잃은 미국의 핵공격이 없었다면, 아마도 일본은 쉽게 항복하지 않았을 것이다. 아직도 그들은 전쟁을 일으킨 군국시대를 반성하기는커녕, 이웃 나라들에게 고통을 준 일들을 쉽게 잊고, 자신들이 아시아 민족 중에서는 유일하게 세계 강대국을 상대로 전쟁을 벌인 위대한 민족이라고 착각하고 있는지도 모른다.

중국과 러시아, 일본 등 경제·군사대국 사이에 끼여 각종 이해 충돌이 예상되는 시점에서, 한정식은 야스쿠니 사진으로 과거를 기억하고 경계해야 함을 알렸다. 일본과 중국에 상응하는 국력이 없다면 언제든 무시당할 것이다. 몇몇 시시한 스포츠 경기에서 일본을 이겼다고 좋아할 때가 아니다.

한정식은 사진가이면서 이론가이다. 그가 저술한 『사진예술개론』, 『사진, 예술로 가는 길』 등의 사진이론서는 사진의 지평을 크게 넓힌 사진책으로 손꼽힌다.

한정식(1937-)

서울 출생
서울대 사범대학 국어과 졸업
일본대학 예술학부 예술연구소 사진 전공
중앙대 예술대학 사진학과 교수
현재 중앙대 명예교수
사진집 『발』 『나무』 『고요』 『북촌』
외 다수

중국음식점 '신성루' 주방에 선 화교 장적방.
김보섭, 1993.

청관을 찍는 사진가

인천 사람들은 하인천역 앞의 '청관(淸館)' 하면 중국 사람들이 모여 사는 동네쯤으로만 생각할 뿐, 이들이 어떻게 정착을 하게 되었는지는 자세히 알려고 하지 않는다. 그저 왜 중국 사람들이 자신들의 넓은 땅을 놔두고 왜 좁은 한국 땅에 와서 빌붙어 살고 있는지 의아해 할 뿐이다.

청관의 중국인들은 조선인들이 불러서 온 사람들이 아니다. 청관이라는 동네는 1884년, 청나라와 일본이 조선을 노리면서 청나라가 인천 해안 지역 7천 평과 일본 지역에 인접한 5천 평의 토지를 자신들의 영토로 만들면서 형성된 곳이다. 즉 인천의 청관은 조선왕조를 간섭하기 위해 총리 자격으로 서울에 온 청나라의 위안스카이(袁世凱, 1859-1916)의 지원과 중국인들의 막강한 재력을 바탕으로 국내 상권을 독점하기 위해 세워졌다.

청관이 한창 번성할 때는 중국인 거상과 노동자까지 합쳐 약 3만 명이 넘었다고 한다. 그러다 청일전쟁(1894-1895)과 러일전쟁(1904-1905)을 겪으면서 전승국인 일본에 눌려 쇠락하여 오늘에 이르렀다. 청관은 한·중수교 전에는 대만 정부가 재산을 관리하고 있다가 현재는 중국 정부의 관리하에 있는 특별구역이다.

그동안 중국인들의 활동무대였던 청관은 인천 출신 사진가들이 많이 찍었지만 모두 스케치 정도로 표면만 관찰했을 뿐, 사진가 김보섭처럼 중국인들의 주방까지 깊숙이 들어간 사람은 없었다.

김보섭이 촬영한 사진 속의 주인공은 중국 산동성에서 청관으로 온 중국음식점 '신성루(新盛褸)'의 장적방(張積房, 2009년 사망) 씨로, 1993년 가을, 요리 준비를 하는 모습을 50밀리 렌즈를 사용해 니콘 F2 AS로 촬영했다.

김보섭은 인천에서 태어나 자란 인천 사람이다. 그래서 누구보다도 청관의 중국인들이 언제 어디서 와서 살고 있는지 역사적인 관심을 가지고 넓고 깊게 관찰했다. 그의 사진집 『청관』(눈빛, 2010)은 작가가 청관의 중국인들과 인간적인 관계를 맺고, 이들의 연고가 있는 중국 산동성의 일가친척까지 함께 방문해 만든 사진집이다. 그는 이 사진을 통해 인천 청관의 화교들이 이방인이 아니라 이제는 우리와 더불어 공존해야 하는 이웃이라는 따뜻한 인간애를 말하고 있다.

김보섭이 사진에 관심을 가지게 된 것은 대학 1학년 때, 누님이 사용하던 미놀타 카메라를 들고 야간열차 여행을 떠나면서부터였다. 열차가 대전역에 잠시 정차하는 사이 플랫폼에 내린 승객들이 모여 뜨거운 김이 모락모락 피어오르는 국수를 서둘러 먹는 표정이 너무나 인간적이고 인상 깊어 본능적으로 카메라를 들어 그 모습을 찍었다고 한다. 그러나 매혹적인 장면을 찍었다고 생각했지만, 이 사진을 현상하면서 촬영 당시 광량이 부족했던 것을 깨닫게 되었고, 이 실패는 결국 그를 사진에 더욱 매달리게 만드는 계기가 되었다.

그가 군대를 제대하고 대학에 복학하던 무렵, 그는 우연히 충무로에서 사진가 김종태를 만나게 되었다. 6년간 그에게 사진 기술을 배우면서 대전역에서 국수 먹는 사람들을 찍은 사진이 왜 실패했는지를 비로소 깨닫게 되었다고 한다.

1980년부터는 혼자 카메라를 친구 삼아 화순탄광, 홍도, 관매도 등 섬사람들을 찍었다. 최근에는 전국에 흩어져 있는 화교들과 인천 사람들의 지나온 삶의 현장을 깊이 있게 찍고 있다.

김보섭(金甫燮, 1955-)

인천 출생
성균관대 불문학과 졸업
동아미술제 사진부문 대상(1983)
사진집 『청관』, 『수복호 사람들』
외 다수

길상사의 법정 스님.
이종승, 2006.

사진 공양

이종승 동아일보 사진기자는 2004년 취재차 들른 길상사에서 우연히 만난 덕조 스님을 통해 사진 공양(寫眞供養)을 시작했다. 덕조 스님에게 1년 기한을 두고 사진 공양을 드리고 싶다고 말씀 드리고 난 뒤 7년간 이어진 사진 공양이었다.

그는 바쁜 일상 속에서도 자신이 태어나서 무엇을 할 것인지 곰곰이 생각하며 사는 사진기자였다. 그리고 이 세상을 위해 잘할 수 있는 것, 정성을 다해 할 수 있는 것은 사진이라고 생각하던 사람이었다. 그는 거의 매일 아침 출근길에 법당에 올라 부처님 전에 엎드려, 부처님의 자비와 길상사의 나눔의 의미가 사진과 글을 통해 알려져 불법이 충만한 세상이 되는데 먼지만큼이라도 보탬이 되도록 해 달라고 기원했다.

이종승은 밤낮으로 길상사를 찾아 법당의 스님들과 신도들을 찍었다. 그리고 그의 파인더에는 법정(法頂, 1932-2010) 스님도 잡혔다. 법정 스님은 처음에 웬 젊은이가 아침마다 사진을 찍으러 오는지를 의아해 했지만, 곧 이종승 기자가 법정 스님뿐만이 아닌 한국 불교를 위해 사진을 찍는다는 것을 알고 이해하기 시작했다.

법정 스님은 당대의 선승인 효봉(曉峰) 스님을 은사로 모시고 출가하여 송광사, 쌍계사, 해인사 등에서 참선수행을 하고, 대장경의 한글 번역 사업에도 참여했다. 또한 한국의 대표 요정이었던 대원각을 기증받아(1996) '길상사(吉祥寺)'로 바꾸고 시민운동단체인 '맑고 향기롭게'의 도량으로 삼기도 했다. 특히 그는 1970년대 이후 『무소유』 『오두막 편지』 『아름다운 마무리』를 비롯한 많은 저서를 통해 국민적 사랑과 존경을 받았다.

이종승은 처음에는 이런 법정 스님의 유명세 때문에 어려워했지만, 카메라를 사이에 두고 조금씩 다가가다 보니 스님도 점차 그를 받아들이기 시작했다. 특히 2005년부터 3년간 소식지 『맑고 향기롭게』에 실린 이종승 기자의 길상사 사진과 글을 스님이 본 뒤부터는 가까이 다가가도 별 말씀이 없으셨다고 한다.

이종승은 2010년 법정 스님이 돌아가시고 난 뒤 스님에 대한 사진집 『비구, 법정』(동아일보사, 2011)을 내며 이런 말을 했다.

"사람의 몸을 받고 남자로 태어나 불법(佛法)을 안 것만으로도 큰 복을 누렸는데 나의 이름을 걸고 사진으로 부처님을 세상에 알리고자 나선 것이 더 많은 욕심을 부리는 게 아닌가 하는 생각이 들었다. 아무도 모르게 시작한 사진 공양이었는데 날이 거듭되고 보는 이들이 많아져 결국에는 출판물로까지 인연이 닿고 말았다."

이종승은 사진 공양 중 세상을 떠난 어머님 영전에 이 책을 바쳤다. 그의 어머니는 별세하기 전, 책에 들어갈 160여 장 정도의 사진을 매일 보며 글을 교정해 주고 감상도 말해 주곤 했다. 이종승은 자신의 사진과 글을 보고 즐거워하는 어머니의 모습이 보기 좋아 열심히 사진을 찍고 글을 썼던 것이다.

그는 오늘도 불효를 반성하고 어머니의 극락왕생과 지옥중생의 구원을 빌기 위해 법당 연단에 향을 사르고 청수를 올리고 있다.

이종승(李鍾承)

전북 전주 출생
서강대 사회학과 졸업
동아일보 출판국 사진부 기자
동아일보 편집국 사진부 기자
동아일보 편집국 사진부 차장
청와대 출입 사진기자
국회 출입 사진기자

사진 저작권
이 책에 수록한 사진의 저작권은 개별 사진가가 가지고 있으며,
일부 작고한 작가의 사진은 유족이 저작권을 행사하고 있습니다.
사진을 사용하려면 반드시 출판사에 개별 사진의 저작권을 확인하고
사진가와 유족의 허락을 받아야 합니다.